博士论丛

法治氛围论

On the Atmosphere of Rule by Law

邓 琼 著

中国科学技术大学出版社

内 容 简 介

法治氛围是人们在践行法治的过程中,形成的普遍敬畏、认同、尊崇法律的可感知的整体社会状态和社会氛围,是一种从敬畏法律、遵从法治到自觉守法的感性认知和理性自觉的过程。它由法律制度、法律心理、法律观念、法律行为等基本要素构成。本书介绍了法治氛围的概念、要素、功能、形成机理和形成标志,旨在帮助读者深入细致地认识和进一步分析研究法治氛围的问题。本书较为适用于法学相关专业学生及法律领域从业人员。

图书在版编目(CIP)数据

法治氛围论/邓琼著. —合肥:中国科学技术大学出版社,2022.2
ISBN 978-7-312-05252-1

Ⅰ.法… Ⅱ.邓… Ⅲ.法治—研究 Ⅳ.D033

中国版本图书馆 CIP 数据核字(2021)第 131004 号

法治氛围论

FAZHI FENWEI LUN

出版	中国科学技术大学出版社
	安徽省合肥市金寨路 96 号,230026
	http://press.ustc.edu.cn
	https://zgkxjsdxcbs.tmall.com
印刷	合肥华苑印刷包装有限公司
发行	中国科学技术大学出版社
经销	全国新华书店
开本	710 mm×1000 mm 1/16
印张	9
字数	157 千
版次	2022 年 2 月第 1 版
印次	2022 年 2 月第 1 次印刷
定价	50.00 元

前　言

　　法治氛围在学术领域和日常生活中已是使用频率较高的词汇,然而就法治氛围的专门研究并不多见。法治氛围是民众在践行法治的过程中,形成了普遍敬畏、认同、尊崇法律的可感知的整体社会状态和社会氛围,它是一种从敬畏法律、遵从法治到自觉守法的感性认知和理性自觉的过程。它由法律制度、法律心理、法律观念、法律行为等基本要素构成。宪法和法律具有至高无上的权威性。社会主体通过宪法和法律的有效实施,看到司法对公民权利的有效保障和对违法犯罪行为的有力惩处,能深切感受到法律的公平正义。

　　作为一种社会状态,法治氛围反映着社会主体的心理情绪、精神气质及价值取向;作为一个过程,法治氛围乃是社会成员共同建构的历史延续,包括生成、改变以及沉积的过程;作为一种动力,法治氛围不断为社会个体提供法律场域与舆论背景,为社会主体提供学习法律知识与法治观念的平台。法治氛围潜在地诱发、引导、推动、规范着社会主体的行为活动。良好的法治氛围有助于培育法治文化,有助于凝聚法治共识,有助于引领主体行为。法治氛围对于社会变革中的改革、发展、稳定有着支持和协调作用,对于政治、经济的发展和稳定起着重要的保障作用。

　　法治氛围的形成离不开法治基础——良法,良法是法治氛围形成的制度前提,在法治的道路上,法律制度的安排和设计起着基础作用。法治氛围的形成离不开宪法和法律权威,这是法治氛围形成的信仰基础。法治氛围的形成离不开权力依法运行,这是形成法治氛围的关键因素。一方面,依法运行的权力才是合法的权力,民众才会认同权力、信任法治。另一方面,权力行使者依法运行权力对于法治氛围的形成起到示范引领作用。法治氛围的形成离不开广大民众的参与和践行,这是法治氛围形成的必备主体。法治氛围的形成机理是广大民众在良法的基础上,在权力依法运行的引领下,参与到法治生活之中所形成的对于法律及其治理的普遍敬畏、认同、尊崇的状态和氛围。

  法治氛围是民众对于法治的整体感受,是法律意识、法律观点及其外化——行为的效果弥漫在法治的时间与空间所形成的状态和气氛,如敬畏、崇尚甚至信仰的外化弥漫在法治的时间和空间。法治氛围是主客体的矛盾运动在法治实践过程中的表现。即使法治氛围没有客观的存在形态,但我们依旧可以感受到法治氛围的淡薄或浓郁。当法治得到普遍认同,表明社会主体对于法律制度、法律治理以及法治文化的普遍认可与赞同,并自觉规范自身行为;当法治价值观得以确立,表明法治将是社会重要的价值取向,实现法治将是社会共同的价值追求;当法治秩序得以形成,表明社会关系调整以法律为主,社会纠纷排解靠法治方式,公民权益保障靠法律手段;当一个社会如此依赖、信任法治时,这当然标志着这个社会的法治氛围已经形成。

  本书为安徽省教育厅2021年度安徽高校人文社会科学研究项目"习近平法治思想引领现代乡村治理法治化的路径研究"(项目号:SK2021A0285)、安徽工程大学2020年校级科研项目"法治氛围研究"(项目号:Xjky2020139)研究成果。

邓　琼

目　　录

前言 …………………………………………………………………… （ⅰ）

绪论 …………………………………………………………………… （1）

第一章　法治氛围概述 ……………………………………………… （4）
　第一节　法治氛围的概念 ………………………………………… （4）
　　一、法治氛围的涵义 …………………………………………… （5）
　　二、法治氛围的构成要素 ……………………………………… （7）
　　三、法治氛围的特征 …………………………………………… （10）
　第二节　法治氛围的多学科视角 ………………………………… （13）
　　一、政治学视角中的法治氛围 ………………………………… （13）
　　二、经济学视角中的法治氛围 ………………………………… （14）
　　三、社会学视角中的法治氛围 ………………………………… （18）
　　四、心理学视角中的法治氛围 ………………………………… （21）
　第三节　法治氛围与相关概念 …………………………………… （23）
　　一、法治氛围与社会氛围 ……………………………………… （23）
　　二、法治氛围与法治环境 ……………………………………… （25）
　　三、法治氛围与法治文化 ……………………………………… （27）
　　四、法治氛围与法治精神 ……………………………………… （30）
　　五、法治氛围与法治习惯 ……………………………………… （31）

第二章　法治氛围的功能 …………………………………………… （34）
　第一节　培育法治文化 …………………………………………… （34）
　　一、普及与巩固法律知识 ……………………………………… （35）
　　二、培养与强化法治观念 ……………………………………… （37）
　第二节　凝聚法治共识 …………………………………………… （40）
　　一、以利益关系的公正协调凝聚法治共识 …………………… （41）
　　二、以法治情感交流与法治心理调适凝聚法治共识 ………… （41）

三、以核心价值观的倡导践行凝聚法治共识 …………………（43）
　　四、以政府与民众的理性沟通凝聚法治共识 …………………（44）
　第三节　引领规范主体行为 ………………………………………（45）
　　一、示范主体行为 ………………………………………………（46）
　　二、引导主体行为 ………………………………………………（49）
　　三、评价主体行为 ………………………………………………（52）
　　四、规范主体行为 ………………………………………………（54）

第三章　法治氛围的形成机理 …………………………………………（56）
　第一节　良法:法治氛围形成的制度前提 …………………………（56）
　　一、良法的概念 …………………………………………………（57）
　　二、法的形式的合科学性 ………………………………………（58）
　　三、法的内容的合规律性 ………………………………………（60）
　　四、法的价值的合目的性 ………………………………………（62）
　第二节　宪法法律权威:法治氛围形成的信仰基础 ………………（65）
　　一、形成完备的法律制度 ………………………………………（67）
　　二、构建有效的法律实施体系 …………………………………（69）
　　三、形成尊崇法治的社会风气 …………………………………（73）
　第三节　权力依法运行:法治氛围形成的关键因素 ………………（75）
　　一、权责有界 ……………………………………………………（76）
　　二、政府依法行政 ………………………………………………（77）
　　三、司法公正廉洁 ………………………………………………（81）
　第四节　民众参与:法治氛围形成的主体条件 ……………………（84）
　　一、依法参与 ……………………………………………………（86）
　　二、有效参与 ……………………………………………………（87）
　　三、理性参与 ……………………………………………………（89）

第四章　法治氛围形成的标志 …………………………………………（92）
　第一节　法治的普遍认同 …………………………………………（92）
　　一、信任法治 ……………………………………………………（93）
　　二、敬畏法律 ……………………………………………………（97）
　　三、捍卫法治 ……………………………………………………(100)
　第二节　法治价值观的确立 ………………………………………(103)
　　一、法治:社会重要的价值取向 ………………………………(104)

二、法治:居于社会价值序列的重要位阶 …………………… (106)
　　三、实现法治:社会共同的价值追求 ……………………… (111)
　第三节　法治秩序得以形成 ……………………………………… (112)
　　一、法律:调整社会关系的主要手段 ……………………… (113)
　　二、法治:保障公民权益的主要手段 ……………………… (116)
　　三、法治:社会纠纷排解的主要方式 ……………………… (117)

结语 …………………………………………………………………… (122)

参考文献 ……………………………………………………………… (125)

绪　　论

2021年元旦,《中华人民共和国民法典》(以下简称《民法典》)施行,《民法典》是民事权利的宣言书和保障书。自从《民法典》颁布以来,全社会掀起了学习《民法典》的热潮。在这股热潮之中,我们深切感受到人们对法治的追随,我们沉浸在法治氛围之中。

法治作为治国理政的基本方式,是社会治理最主要的手段,它深刻地影响着社会生活的方方面面,也深刻地影响着人的生活方式和行为方式。法治的实现,不仅需要制定良善的法律制度,还需要这些业已订立的制度得到有效的遵守。而全民守法的重要前提,乃是社会主体对于法律制度及其运作过程的理解认同,以及形成社会崇尚法治的意识和良好的法治氛围。民众在运用法律处理和解决问题时,总是要受到其自身对法律的认识、理解、判断的左右。民众对于法律持积极的或消极的态度,是信任还是怀疑的态度也会影响到法的运用。社会主体态度的差异会受到一个国家的经济发展水平、政治法律制度、历史文化传统、社会风俗习惯、地理环境等客观社会条件的影响,也受到个体的家庭氛围、教育背景、社会经历、对法治的认知状况等主观因素的影响。

在人类社会发展的过程中,宗教、道德、法律等因素曾经分别或者共同发挥着社会关系和人的行为的调整器作用。社会发展到近现代以来,法治已经成为文明社会最主要的治理方式,亦是当今世界绝大多数国家选择的治国道路。党的十八届四中全会作出了《中共中央关于全面推进依法治国若干重大问题的决定》,对中国法治建设存在的问题和今后推进法治建设的目标、任务作出了重要部署,勾勒了法治中国建设的路线图和时间表,提出全面推进依法治国,总目标是建设中国特色社会主义法治体系,建设社会主义法治国家。并且倡导形成守法光荣以及违法可耻的社会氛围。[1]

良好的法治氛围有助于法治文化的培养,以便民众能够认识法治、了解

---

[1] 中共中央关于全面推进依法治国若干重大问题的决定[M].北京:人民出版社,2014:26.

法治;有助于法治共识的凝聚,以便民众可以尊重法治、崇尚法治;有助于主体行为的引领,以便民众更好地践行法治、维护法治。法治氛围理应是法治的表现样态,同时法治氛围也将促进法治建设。"一切法律之中最重要的法律不是铭刻在铜表上,而是铭刻在公民的内心里,它形成了国家的真正宪法,它每天都在获得新的力量,当其他法律衰落或消亡的时候,它可以复活那些法律或代替那些法律,它可以保持一种民族的创制精神。"①只有法律成为民众自觉遵守的规则,内化于心、外化于行,法的意义、法的精神才能真正彰显,法治才能真正生根落地。随着政治经济的发展,中国社会结构发生了巨大变化。利益矛盾的多元化和复杂化,在当下中国社会发展进入新时代的同时,使得社会矛盾也陷入了风险期,导致社会治理难度加大。法治氛围的培养有助于法治社会的形成与治理,有助于经济的发展、政治的稳定以及社会的和谐。因此,营造崇尚法治的社会氛围意义重大。

"不论法律在一时一地在某一问题上是走在思想前头,还是落后于群众思想,这两种情况下,这都缺乏社会心理的保证。"②我国在法治氛围的营造、法治文化的建设上所取得的成就远远不如法律制度建设方面。其一,中国是一个缺少法治传统的国度;其二,我国走上民主法治道路的时间很短;其三,法治氛围、法治文化、法治精神、法治观念、法治意识和整个社会的法治心理需要时间积淀、文化沉淀、民众思想升华才能达到应有状态。新中国成立以来,中国的法治发展经历了艰难曲折的过程。党的十一届三中全会以来,中国的法律发展真正走上了快车道,我们用30年左右的时间建立了中国特色社会主义法律体系,创造了近代以来世界立法史上的奇迹。然而,一国的法治建设在文化和制度两个方面不能脱节,不能只有一条腿走路。法治氛围的形成、法治文化的积淀与法律制度的制定和执行相比,难度更大、所需时间更长。加快法治氛围的营造、法治文化的建设迫在眉睫。

目前,学界关于法治氛围的研究仅仅停留在概念的使用上,对有关法治氛围的内涵、特征、功能、机理、标志等并没有深入的分析论证。然而,现实是民众对于法治氛围的使用相当广泛却不求甚解。因此,法治氛围的深入研究有着重要的理论意义。尽管改革开放初期中国无法可依的状况已经从根本上得以改变,但不可否认的事实是,在执法、司法和守法领域,在法治文化的表现上,以及在法治氛围的形成上,我们离一个成熟的法治国家的目标

---

① 卢梭.社会契约论[M].何兆武,译.北京:商务印书馆,2003:73.
② 罗斯科·庞德.通过法律的社会控制[M].沈宗灵,译.北京:商务印书馆,2010:89.

仍差距甚远。① 法治氛围的研究对于法治文化的传播与培养、法治共识的形成与凝聚、法治行为的导向与践行都有着十分重要的现实意义。

　　法治氛围的建设重要而紧迫,具有重大理论和现实意义。为了创设良好的法治氛围,我国从1986年开始全国普法,通过法制宣传与教育,锻炼民众的法律思维、树立民众法治观念,逐渐形成了自觉学法、守法、用法的社会氛围,让民众懂得依据法律规定、按照法律程序表达利益诉求、解决矛盾纠纷;让知法、守法、依法办事成为各级领导干部和国家机关工作人员的行为准则,并运用法律解决现实生活中的实际问题。诚然,法律的实施离不开制度的保障,只有通过法治精神和法治文化的构建,营造认同、崇尚法治的社会氛围,才能让民众成为社会主义法治的自觉遵守者、坚定的捍卫者。在法治氛围里,民众逐渐感受到法治带给我们的不仅有约束还有自由,但更多的是自由而非约束。

---

① 党的十八届四中全会的决定对当下中国法治存在的严重问题,作了十分精准的概括:"必须清醒看到,同党和国家事业发展要求相比,同人民群众期待相比,同推进国家治理体系和治理能力现代化目标相比,法治建设还存在许多不适应、不符合的问题,主要表现为有的法律法规未能全面反映客观规律和人民意愿,针对性、可操作性不强,立法工作中部门化倾向、争权诿责现象比较突出;有法不依、违法不究现象比较严重,执法体制脱节、多头执法、选择性执法现象仍然存在,执法司法不规范、不严格、不透明、不文明现象较为突出,群众对执法司法不公和腐败问题反映强烈;部分社会成员尊法信法守法用法、依法维权意识不强,一些国家工作人员特别是领导干部依法办事观念不强、能力不足,知法犯法、以言代法、以权压法、徇私枉法现象依然存在。"(中共中央关于全面推进依法治国若干重大问题的决定[M].北京:人民出版社,2014:3.)

第一章　法治氛围概述

　　法治氛围对于法律文化的传播、法治共识的凝聚以及社会主体行为的引领具有重要价值意义。然而，什么是法治氛围？法治氛围的内涵、构成要素、基本特征以及法治氛围与相关概念的区别，这些是本章首先要予以解决的问题。

第一节　法治氛围的概念

　　"一个探索者在任何领域中的工作总是从创造该领域中的语言和概念开始。"[①]"法治氛围"一词虽然一直被使用，但这个词能否像法治精神、法治文化等词一样能够被普遍接受和使用呢？笔者认为，从经验层面来说，目前民众对于法治氛围的使用并没有觉得十分不妥，只是对于法治氛围究竟是什么有着很模糊笼统的自我判断，对这一概念的认识不清晰，有待进一步研究。从词语的来源来看，任何概念都是客观事物发展的产物，它是民众对客观事物或现象的理论抽象和事物本质的高度概括。因此，概念的产生总是在事物发展之后，而且概念的出现又是事物发展到一定程度的结果。世界上客观事物的运动变化是绝对的，静止不变是相对的。在高度信息化的社会条件下，概念的变化也是相当快速的。所以，任何词语在出现之时，无不反映了特定历史时期的社会现象。网络时代，网络流行词语更是一波接一波的袭来，它们作为一种"社会方言"进入民众的日常生活，折射出社会热点问题。比如，针对因房屋建筑质量问题而出现的"楼歪歪"，针对房价高买不起或负担太重而出现的"杯具"（悲剧）。所以"名以物出，词随事来"。词语一直在变化，很多新词正在被创立，也有一些旧词语被赋予新的内涵。新词

---

①　霍贝尔.原始人的法[M].严存生，等译.贵阳：贵州人民出版社，1992：17.

以及被赋予新的内涵的旧词被民众接受需要一定的时间。法治氛围作为一个新概念,基于词语的发展过程来看,在全面推进依法治国的当下,法治氛围是在中国全面推进依法治国的背景下出现的新概念。然而学界就法治氛围的概念使用多,内涵界定少①,致使法治氛围的内涵至今还没有一个准确、公认的释义。可见,法治氛围是一个亟待明确界定的概念。

一、法治氛围的涵义

民众常说某某单位的氛围很好,要营造某某氛围。那么氛围指的是什么呢?氛围是"笼罩着某个特定场合的特殊气氛或情调,如欢乐的氛围"。②可见氛围是围绕一定场合、针对特定主体、具有一定特色的气氛。何为法治氛围?这个词有着什么样的特定含义?笔者认为,法治氛围是在法治社会里,民众在践行法治的过程中,形成了普遍敬畏、认同、尊崇法律的可感知的整体社会状态和社会氛围。法治氛围不仅包含民众对于法律的意识、观点和态度,还包括民众对其所实施的法律行为产生的普遍社会效果,即对法律的敬畏、认同、尊崇的感受和表现。因而法治氛围是法律意识、法律观点及其外化——行为的效果弥漫在法治的时间与空间所形成的状态和气氛。

法治氛围体现了法治社会中的主体对于法治的整体感受和表现,这种感受和表现对社会中的每一个个体产生潜移默化的影响。法治氛围并不是从一开始就表现为民众对于法律发自内心的接受或尊崇。民众起初对法律更多地体现为敬畏,接着再慢慢认同法律,最后达到对法律尊崇、信仰的过程,是一种从敬畏法律、遵从法律到自觉守法的感性认知和理性自觉的过程。

敬畏法律指的是在法治氛围中,民众内心惧怕法律的强制力,从而不敢

---

① 法治氛围这个词很多人在使用,比如《为发展营造和谐的法治氛围》《政府要创造法治氛围》《深入开展法制宣传教育为"三农"工作创造良好的法治氛围》《加强法制建设营造教育系统良好的法治氛围,为构建和谐社会作出不懈努力》《党委人大政府合力推进依法治市:潍坊市形成良好法治氛围》《深化烟草法治文化建设营造浓厚法治氛围》《"每月一法"营造良好法治氛围》《农电企业如何营造良好的法治氛围》《努力营造社区法治氛围》等,这些文章中都提及法治氛围这一内容,但是对于什么是法治氛围并没有人作出解释。龚廷泰教授认为"法治氛围是以法治理念为导引、法律制度规范为准绳、法治实施一体化过程而形成的社会氛围,是一个社会崇尚法治、敬畏法律、普遍守法的社会状态,是社会主体不敢违法、不能违法、不愿违法的自觉行动"。(龚廷泰.论中国特色社会主义法治理论发展的法治实践动力系统[J].法制与社会发展,2015(5):5-16.)

② 夏征农.辞海[M].上海:上海辞书出版社,1999:3944.

实施违法行为,是心理不敢而引发的行为不敢。它是法治氛围的低级阶段。比如严刑峻法会给民众的心理造成一种威慑力,民众在这样的氛围里就如同是法律的奴隶,奴隶主指东,奴隶不敢往西,否则将遭受皮肉之苦。诚然,严刑峻法并不代表一定是恶法,在不同的社会环境下,我们需要不同的法律来控制民众的行为。亚里士多德有关法治的定义①里并没有说严刑峻法就一定是恶法。只是在严刑峻法的法治氛围里民众会担心一不小心就触犯法律,从而要接受法律的惩罚。所以民众只是在行为上更愿意符合法律的标准,或者说只是在行为上屈从于法律,其实在内心并不认同法律。如果法律对于民众来说只是一种屈从的话,对于法律的实施来说也是不利的。因为作为一种心理机制,屈从会"使个体的行为在违背人格特征的情况下束缚于权威系统"②。在这样的氛围里,屈从的民众不是走向爆发就是走向灭亡。

遵从法律指的是由于法律规范体系的科学完整严密,以及民众内心对于法律的逐步认同,民众愿意以符合法律的规定来实施法律行为。它是法治氛围的较高阶段,表明法治已经到达了这样一种状态:法律已经成为社会调整的主要手段,社会秩序已经纳入法制化轨道,法律已经得到了普遍有效的实施,一切社会主体的任何违法行为都会付出其应有的代价,任何组织和个人都不再有超越法律的特权。在这样的法治条件下,社会主体已经初步形成了遵从法律的习惯,在这样的社会中,违法不仅会受到法律的惩处,还会遭受社会的谴责。民众不但从行为上遵守法律的规定,而且逐渐从内心上认同法律的地位。

自觉守法指的是整个社会主体对于法律制度及其实施的完全认同,是对自身法律行为、法律责任的肯定。它已经不单是从内心接受、认同法治,而是进入了对法治发自内心的信仰,并且自觉地尊崇法律的一种社会状态,因而它是法治氛围的最高阶段。这种社会氛围,是社会主体对法治的积极主动追求,是民众对于法治认同的积极态度,是把法治视作崇高的原则和价值理念,法治已经"铭刻在公民的内心里"③。只有在这样的社会状态下,法治才能真正落地生根。

---

① 亚里士多德论述了法治胜于人治,认为"法治应包含两层含义:已成立的法律获得普遍的服从,而大家所服从的法律又应该是良好的法律"。(亚里士多德.政治学[M].吴寿彭,译.北京:商务印书馆,2009:167.)

② 李维.社会心理学新发展[M].上海:上海教育出版社,2006:213.

③ 卢梭.社会契约论[M].何兆武,译.北京:商务印书馆,2003:73.

二、法治氛围的构成要素

要素是系统的细胞,它是构成系统的基本单元。法治氛围的构成要素总的来说包括制度和人。制度的要素即为法律制度,相对于人的要素而言,它属于法治氛围的客体要素。人的要素是指社会主体在法治氛围的构成中的主体要素。法治离不开人,法治氛围的要素同样离不开人。"法治的意思并不是说法律本身能统治,能维持社会秩序,而是说社会上人和人的关系是根据法律来维持的。法律还得靠人来执行,法治其实是'人依法而治',并非没有人的因素。"[①]人的要素包括法律心理、法律观念、法律行为。所以法治氛围的构成要素有如下几点。

(一)法律制度

法律制度是构成法治氛围的基本要素。法律制度是调整民众行为的规则体系的总称,是民众行使权利、履行义务的直接依据,也是法治的制度前提。无法国不宁,法行民自安。同理,要营造法治氛围,必须着力构建良善的法律制度体系。有法可依是法治氛围形成的基础,在法治的道路上,法律制度的安排和设计有着基础作用,诚然"对实现法治所作的种种制度安排和设计,都是法治的重要方面,没有它们便绝无任何法治可言,因而这些方面是法治的起码条件"[②]。所以,没有法律制度,民众将无法可依,没有法律制度便无客观行为准则,没有法律制度便没有法治,而没有法治则法治氛围也无从说起。

(二)法律心理

法律心理是法治氛围中人的要素之一。法律心理是民众对法的现象的感性认知,是法律意识的初级阶段。法律心理是指民众形成的对于法律所表现出来的心理状态,包括对法的感受、体验和直接的心理反应。耶林指出:"如果一道法令要想得到执行,必须保证它在社会心理上的效能。"[③]法律依靠强制力得以实施,但不能仅仅依靠强制力,诚如伯尔曼所言,归属感比依靠强制力的保驾护航要重要许多。[④] 著名社会心理学家 A.班杜拉指出:"当没有行为能够产生一个择定的结果,或者外在的结果与行动的水平或质

[①] 费孝通.乡土中国[M].北京:北京出版社,2011:58.
[②] 姚建宗.信仰:法治的精神意蕴[J].吉林大学社会科学学报,1997(2):1-12,93.
[③] 罗斯科·庞德.通过法律的社会控制[M].沈宗灵,译.北京:商务印书馆,2010:89.
[④] 伯尔曼.法律与宗教[M].梁治平,译.北京:三联书店,1991:43.

量联系不紧密时,结果预期就可与自我效能的评判相分离。这样的结构安排会导致社会偏见的介入,使相同的行为成就产生不同的乃至不平等的结果。"①社会心理学研究者认为,自我效能是个体对自己能力的一种自我评价,"在日常生活中,自我效能指引我们制定有挑战性的目标,并在面对困难的时候具有较强的韧性。"②所以,积极的法律心理会让民众对法律和法治增强信心,从容地面对法律问题。法律心理的形成离不开社会主体的法律体验,以及整个民族的文化传统对社会主体的影响。先进的制度想要取得较好的效果,就必须要考虑整个社会心理。

(三) 法律观念

法律观念也是法治氛围中人的要素之一。法治氛围是社会主体之间的整体性气氛,对于法律是什么,法律的价值是什么,法律是怎样运行的,法在日常生活中究竟能起到多大的作用,需要社会主体形成"重叠共识"。法律观念是指"一种特殊的社会意识体系,是社会主体对社会法的现象的主观把握方式"③。唯物辩证法认为,物质决定意识,意识对物质有能动的反作用。法治氛围的形成有赖于民众、敬畏、认同、尊崇法律的观念。在中国传统法律文化中,国人深受"厌诉"或"耻讼"的传统法律观念的影响。我国传统的法律观念使民众对于法律抱有一种比较温和的态度。传统的法律观念以"法"作为骨骼、以"礼"作为血肉、以"道"作为补充。比如民众习惯用"多一事不如少一事""以和为贵"的传统观念约束自己和他人的行为。"在现实中,传统法律观并不是以它的本来面目出现的。它像'一只看不见的手',一直在幕后活动。"④然而随着法治的不断进步,一些新的法律观念也在逐渐形成,并且开始深入人心。从传统的法律观念过渡到新的法律观念需要一个漫长的过程。

法治离不开民众法律观念的形成,"法制现代化首先是人的法律观念、意识的现代化,是作为现代社会主体的广大公民现代法律意识的建构、塑造和完善"⑤。事实上,"真正的历史大动荡,并不是那些以其宏大而暴烈的场面让我们吃惊的事情。造成文明洗心革面的唯一重要的变化,是影响到思

---

① A.班杜拉.思想和行动的社会基础:社会认知论[M].林颖,等译.上海:华东师范大学出版社,2001:555.
② 戴维·迈尔斯.社会心理学[M].侯玉波,等译.北京:人民邮电出版社,2006:41.
③ 刘旺洪,刘敏.中国公民现代法律观念[M].济南:山东人民出版社,1997:6.
④ 段秋关.传统法律观念的现实存在和影响:兼论法律观的现代化[J].法律科学,1989(4):3-7.
⑤ 刘旺洪,刘敏.中国公民现代法律观念[M].济南:山东人民出版社,1997:1-2.

想、观念和信仰的变化"①。在这里,"值得强调的是,任何观念的变革,都不是单纯的思想理论问题。传统法律观的存在与生产力的发展水平相联系,为社会的经济、政治条件所制约,所以法律观的更新又与经济体制、政治体制的改革相互制约,相互适应。没有高度发展的生产力,没有现代化的经济基础,就不可能有现代化的法律观"②。

传统观念和现代观念并非完全格格不入,只是在法治背景下,一些传统法律观念已经不能完全满足现代法治的实践,需要对其进行批判性地扬弃和创造性地转换,使其适应当前法治的需要;同时,现有的许多法律观念是西方的"舶来品",这些法律观念可能与中国传统观念存在一些无法相容甚至冲突的情况,所以,适应中国现代法治需求的法律观念的形成,需要"注重利用中国本土的资源,注重中国法律文化的传统和实际"③。法律观念经过本土的重塑,会更接地气,也更容易被民众接受。

(四) 法律行为

法律行为亦是法治氛围中人的要素之一。法治氛围由法治社会中的主体营造出来,它是社会主体作出法律行为后产生的社会效果的累积。法律行为是指"民众所实施的、能够发生法律效力、产生一定法律效果的行为"④。法律行为不仅是法律所调整的对象,也是国家意志和价值目标得以实现的载体。马克思曾说,"对于法律来说,除了我的行为以外,我是根本不存在的,我根本不是法律的对象。我的行为就是我同法律打交道的唯一领域,因为行为就是我为之要求生存权利,要求现实权利的唯一东西,而且因此我才受到现行法的支配。"⑤法律行为的结构包括两个方面:一是内在意志,二是外在表现。内在意志即法律行为主观的、内在的领域,比如目的、动机和认知能力等;外在表现即法律行为客观的、外在的领域,表现为行动、手段和效果等。

法治氛围的形成是民众作出法律行为的结果,营造法治氛围需要社会主体积极主动地厉行法治。美国法学家劳伦斯·弗里德曼认为:"在任何法律系统中,决定性的因素是行为,即民众实际在做些什么。如果没有民众的

---

① 古斯塔夫·勒庞.乌合之众:大众心理学研究[M].冯克利,译.北京:中央编译出版社,2005:1.
② 段秋关.传统法律观念的现实存在和影响:兼论法律观的现代化[J].法律科学,1989,(4):3-7.
③ 苏力.法治及其本土资源[M].北京:中国政法大学出版社,1996:6.
④ 张文显.法理学[M].北京:高等教育出版社,1999:101.
⑤ 马克思恩格斯全集:第1卷[M].北京:人民出版社,1995:16-17.

行为,规则不过是一堆词句,结构也不过是被遗忘的缺乏生命的空架子。"①所以,全面推进依法治国,总目标是建设中国特色社会主义法治体系,建设社会主义法治国家。必须弘扬社会主义法治精神,建设社会主义法治文化,增强全社会厉行法治的积极性和主动性,形成守法光荣、违法可耻的社会氛围。

总之,法律制度、法律心理、法律观念、法律行为是构成法治氛围的要素,在制度认识的前提下,法治氛围"沿着情感认同→价值认同→行为认同的路径递进式展开,它是一个从感性到理性,从理念到实践逐步发展的过程"②。在这个过程中,民众不断依靠、依赖法律解决现实问题,不断强化对法治的敬畏、认同和信任,从而形成良好的法治氛围。

三、法治氛围的特征

法治文明起源于西方,它与西方近代的思想启蒙深入、商品经济发达、代议制民主较为完善的社会条件密切相关。中国是一个历史文化悠久却缺乏法治传统的国家。法治氛围只能在法治社会的法律场域里形成,而法治社会提供了法治氛围得以形成的条件。法治氛围形成后,其特征表现为法律的权威性以及民众对于法治社会效果的整体可感知性。

(一) 法治氛围形成于法治社会,法治社会是法治氛围形成的法律场域③

不同的场域有着不同的逻辑规则,因而"场域的结构迫使其中的每一分子采取与自己的位置相适应的策略"④。法治社会和人治社会有着不同的逻辑规则,即"所谓人治和法治之别不在'人'和'法'这两个字上,而是在维持秩序时所用的力量,和所根据的规范的性质"⑤。所以,法治社会与人治社会由于维持秩序依靠的力量不同,身处不同社会的人会采取不同的策略以适

---

① Lawrence M Friedman. An Introduction to American Law[M]. Redwood City: Stanford University Press,1984:46.
② 龚廷泰.法治文化的认同:概念、意义、机理与路径[J].法制与社会发展,2014,(4):40-50.
③ 场域(field)指"我将一个场域定义为位置间客观关系的一个网络或一个形构,这些位置是经过客观限定的"(Wacquant L D. Towards a Reflexive Sociology: A Workshop with Pierre Bourdieu[J]. Sociological Theory, 1989(7):39.)。而场域并非单指物理环境而言,也包括他人的行为以及与此相连的许多因素。(http://baike. baidu. com/link? url = 3GtU9yUI4n4tMQzZIZ5 _ yEt8o7uMuzXDAX-EmR91NT QRUxy7fY7wP6CFnmUDBcT3hgzocBjClo1tp42z_CcSn8a)
④ 布尔迪厄.国家精英:名牌大学与群体精神[M].杨亚平,译.北京:商务印书馆,2004:229.
⑤ 费孝通.乡土中国[M].北京:北京出版社,2011:59.

应不同的逻辑规则。

法治氛围只有在法治作为治国理政基本方式的法律场域里才能形成，没有法治社会就不会形成法治氛围。当前，法治被世界上绝大多数国家确立为治国的基本方式。法治社会能够提供法治氛围形成的特殊条件，比如法律制度相对完善健全；法律具有权威性；民众关于法律知识的学习和法律意识的提升；权力依法运行和公民理性有序地参与法治等社会主体依法行使权利、履行义务的行为。这些条件的形成会潜移默化地影响民众的法律行为，使社会主体逐渐形成敬畏、认同、尊崇法律的情感意识和行为，进而形成一种相对稳固的法治氛围。而在人治社会里，民众只会听从统治者的命令和威权，屈服于统治者的强制或魅力，从而形成的是人治的社会氛围。人治氛围也可能在贤君的统治之下出现太平盛世的社会局面，但纵观人类发展的历史，贤君极少，昏君和暴君却很多，在这些昏君和暴君所治理的人治社会中，民众的处境是痛苦的，所形成的人治氛围也是不愉快的、不自由的。所以说，只有在法治社会里才能形成法治氛围。

(二) 法治氛围的基本表征

(1) 法治氛围的法律权威性。在现代法治发展的过程中，国人要逐步摒弃人治，崇尚法治；要摒弃个人权威，树立法律权威。权威即"权力与威势"[①]。法律权威指的是法律的威望及公信力。在法治氛围里，法律权威性具体包括：首先，一切国家机关、社会团体、企事业单位和公民个人都必须严格地依法办事，即要做到守法主体的广泛性。如果失去了普遍的守法主体，法律也将失去其应有的公平与尊严。其次，法律权威指的是一切政党和国家机关的一切活动都必须在宪法和法律的范围内活动，国家政治权力必须在宪法和法律的框架内运行，不允许任何组织和个人违背宪法和法律的规定而任性妄为。再次，法律权威还指宪法和法律具有最高的尊严性和权威性，法律不应以领导人的变动而变动，因领导人意志的转变而转变，应该保障法律的连续性和稳定性。最后，法治权威还体现在任何团体和个人都不得享有超越宪法和法律的特权，没有人能凌驾于宪法和法律之上。

(2) 法治氛围的可感知性。社会氛围是看不见摸不着，但又可以被主体认识到的客观存在，它类似于物质的电场、磁场、力场，物质之间相互作用有时不需要直接接触，通过看不见摸不着的场就能产生作用。氛围是一种气氛和情调，某些事件发生后会形成一种特别的氛围，身处特殊氛围的人即使

---

① 夏征农.辞海[M].上海：上海辞书出版社,1999:3377.

不知道具体发生了什么,也能从中获得一种感觉和认知,从而影响自己的行为。法治氛围的可感知性体现在社会主体对于法治到底是什么,整个社会的法治达到了什么程度,他们可以通过社会事件以及身边的法治案例察觉感受到法治的存在和力量,社会主体可以感知到民众对法律持敬畏、认同、尊崇的态度。比如,民众通过宪法和法律的有效实施,让司法对公民权利的有效保障和对违法犯罪行为的有力惩处,民众可以从每一个具体的司法个案中深切地感受到法律的公平正义,而民众对于法律实施是否公平正义的感受就是法治氛围可感知性的最好例证。

(3) 法治氛围的整体感知性。这里所说的整体感知性,是指社会成员中的多数人的感知。即"寻找、建构一种相对多数人的共识,即占主流地位的共识,寻找大多数人的精神公约数,如一种绝大多数人认同的核心价值,一种大多数人赞成的集体意识和基础性的规则意识"[①]。欲使每一个社会成员对于法治的感知一模一样是极其困难的。法治氛围的整体感知性是社会成员中多数人对于法治的信任、依赖、崇尚的社会状态和气氛。这样的社会状态和气氛一旦形成,必定会对每一个个体的观念和行为产生潜移默化的影响,它又可能使个体主动或被动地改变自己的行为方式和生活态度,改变自己不守法乃至违法的做法和习惯。所谓人影响环境,环境也影响人,说的就是这个道理。

综上所述,法治氛围是在法治社会里,民众在践行法治的过程中,形成了普遍敬畏、认同、尊崇法律的可感知的整体社会状态和社会氛围。法治氛围不仅包含民众对于法律的意识、观点和态度,还包括民众对其所实施的法律行为产生的普遍社会效果,即对法律的敬畏、认同、尊崇的感受和表现。因而法治氛围是法律意识、法律观点及其外化——行为的效果弥漫在法治的时间与空间所形成的状态和气氛。它的构成要素总的来说包括制度的要素和人的要素,制度要素即法律制度,人的要素包括法律心理、法律观念、法律行为。法治氛围只能在法治社会的法律场域里形成,而法治社会提供了法治氛围得以形成的条件。

---

① 朱力.社会治理需要良好的氛围[J].人民论坛,2015(17):14-17.

第二节　法治氛围的多学科视角

法治氛围是一个涵盖面广泛、涉及众多学科领域的复合型概念,要全面理解法治氛围的内涵,必须从政治学、经济学、社会学以及心理学等不同学科视角进行深入的分析。

一、政治学视角中的法治氛围

从政治参与的视角来看,法治氛围是社会主体在政治生活领域的依法参与、依法用权、依法维权的社会氛围。政治参与是公民应有的权利,此种权利最终是与公民自身利益和公共利益相结合的。也就是说,公民参与的目的是希望自身利益和公共利益能够好转。所以,政治参与是将权利转化为利益的过程。但是由于政治参与的过程中会涉及不同个人或集体的利益而作为权力中心的国家权力是不能同时照顾到不同个人或集体的利益。所以国家会有利益的差异分配,这种差异分配必然会导致不同程度的矛盾。为了争取自身更多的利益,个人或集体必须参与到政治活动中来。在法治氛围中,社会主体政治参与的过程需要参与者明白自己权利的边界,"人类可以无自由而有秩序,但不能无秩序而有自由"[①]。即便政治参与者多么急切地渴望与追求权利,也需要通过合法的方式来表达利益诉求,并在法治的秩序框架之内行使政治参与的权利。

法治氛围是社会主体在政治生活领域中理性参与、理性表达、理性维权的社会氛围。政治权力与政治权利的实现都需要公民积极参与其中。"政治权力,即国家的权力。"[②]政治权力"是一个阶级用以压迫另一个阶级的有组织的暴力"[③]。而政治权利是公民根据宪法和法律的规定,能够参与到国家政治生活的权利,它是公民能够实现利益分配的一种政治资格。政治参与的操作方式可以是暴力的,但参与过程应该是理性的。无论实现政治权力还是实现政治权利,政治生活领域的变革都影响极大。因而,法治氛围中

---

① 塞缪尔·亨廷顿.变革社会中的政治秩序[M].王冠华,等译.北京:三联书店,1989:376.
②③ 马克思,恩格斯.马克思恩格斯选集:第1卷[M].北京:人民出版社,1995:170;273.

的政治参与更倾向于慎重、理性地参与、维权。

政治参与者的心理状态和整个社会所有政治参与者所形成的氛围直接影响到政治参与的程度与水平。政治参与可以得到满足体现了政治的包容性较强。罗伯特·达尔在探讨公民不愿意参与政治时总结出以下几点理由：首先，如果公民的政治效能感越弱，也就是说他认为自己的所作所为没有能力改变任何事情，他也就越不会参与政治。其次，如果公民认为即便自身没有参与，政治结果还是自己很满意的，那么他也不会参与政治。再次，如果公民认为政治能够给予的各项选择没有多大差异，他也会不愿参与政治。最后，如果公民认为参与政治将要付出的成本比能够获得的利益还要高的话，那么他也会放弃参与政治。① 政治参与的确是公民的一项权利，权利可以放弃。但政治参与作为一项公共事业，如果没有任何人参与进来，那么政治生活的弊端将无法被充分的揭示，因为政治参与是"影响政治体系的构成、运行方式、运行规则和政策过程的行为"②。政治参与需要浓郁的法治氛围，法治氛围可以"对基于不同经济利益的政治权力和政治权利进行调整，缓解不同社会利益之间的冲突和矛盾，消除社会政治生活中的弊端，保障政治体系的有序运行"③。

民众的法律意识和政治参与意识将在社会主体依法、理性、有效的政治参与过程中得到有效的提升；政治参与过程中权利与权力的理性对话也将使得民众增强对于法治的信心；在社会主体依法、理性、有效的政治参与过程中，将形成更加浓厚的法治氛围。而法治氛围的形成，也更将有利于民众依法、理性、有效地参与政治生活。

二、经济学视角中的法治氛围

从经济学的视角来看，法治氛围是一种强调信守契约、讲求诚信的社会氛围。张恒山教授指出"要建设法治国家，需要普遍确立的关于法的基本观念，就是'契约'；法治建设中关于法的基本理论观念就是契约论，并且只能是契约论"④。十八届四中全会《中共中央关于全面推进依法治国若干重大问题的决定》强调，"社会主义市场经济本质上是法治经济。使市场在资源

---

① 罗伯特·达尔.现代政治分析[M].王沪宁,陈峰,译.上海：上海译文出版社,1987:133-136.
② 王浦劬,等.政治学基础[M].北京：北京大学出版社,2006:166.
③ 王中汝.遏制权力腐败与中国的政治发展[J].探索,2001(4):70-72.
④ 张恒山.法理要论[M].北京：北京大学出版社,2002:156.

配置中起决定性作用和更好发挥政府作用,必须以保护产权、维护契约、统一市场、平等交换、公平竞争、有效监管为基本导向"①。市场经济是法治经济,法治经济也是一种契约经济。法治经济的发展与法治社会的发展相辅相成,良好的市场秩序,离不开良好的法治氛围。

传统中国社会是以土地和种植为核心的农业社会,是人与人之间基于血亲和地缘远近为纽带的熟人社会,人与人之间的来往依赖于关系和人情。这一状况在当下依然盛行。因为我们的文化传统、现实状况让我们本能地对契约产生戒心。市场经济是法治经济,"我们需要弘扬的契约精神包括三大元素:契约自由、契约正义与契约严守。这三大元素同等重要,没有高低贵贱之别"②。从市场经济的契约视角来看,它们都有利于法治氛围的形成。

1. 市场经济是契约自由的经济

市场经济的实质就是契约经济,就是大力弘扬契约自由的经济形态。契约自由是合同法的灵魂,是市场经济的主旋律。只有弘扬契约自由精神,才能鼓励市场创新,激发市场主体与全社会的活力与动力,充分发挥市场在资源配置中的决定性作用。契约自由强调交易双方的地位平等,反对恃强凌弱、店大欺客的交易行为,也反对合同之外的第三人干预合同主体的契约自由。这与法治所强调的平等不谋而合。法治在打击不正当竞争行为、建立健全公开公平公正的竞争秩序和市场交易秩序方面,起着重要作用。契约自由需要法治,契约自由的保障与建立也有利于法治氛围的形成。

市场失灵时,法治氛围具有稳定作用。"市场可以是我们驾驭下的一匹好马。但是马无论怎么好,其能量总是有个极限,这个极限不会马上显露出来。"③政府通过政策与法律在维护市场秩序、加强市场监管、保持宏观经济稳定方面弥补市场失灵。当市场机制无法实现经济资源的合理配置时,市场就失灵了。"如果民众想要在这种根本失灵面前来实现有效率的资源配置,民众就必须探究非市场的选择办法。"④当市场这只"看不见的手"⑤失灵时,政府这只看得见的手显得更能弥补市场机制的不足。政府有时能够改善市场结果。英国著名经济学家凯恩斯提出的经济周期理论认为,经济

---

① 中共中央关于全面推进依法治国若干重大问题的决定[M].北京:人民出版社,2014:2.
② 刘俊海.试论法治化市场经济所需的契约精神[J].中国工商管理研究,2014(12):11-16.
③ 马丁·费尔德斯坦.转变中的美国经济[M].彭家礼,等译.北京:商务印书馆,1990:738.
④ 布坎南.自由、市场和国家[M].吴良健,译.北京:北京经济学院出版社,1988:13-14.
⑤ 亚当·斯密.国富论[M].郭大力,王亚南,译.南京:译林出版社,2011:456.

发展一定会出现一种开始向上,继而向下,接着再重新向上的周期性运动规律(见图1.1)。

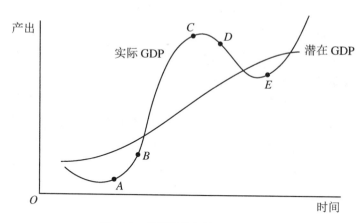

图1.1 凯恩斯的经济周期理论

这一规律体现为繁荣、恐慌、萧条、复苏四个阶段,其中,"繁荣"与"恐慌"是最重要的两个阶段。从心理上来说,在繁荣后期,市场主体对资本的未来收益预计不合理导致购买过多,使资本边际效率突然崩溃。到了恐慌阶段,由于市场主体对未来信心不足,资本边际效率难以恢复。市场失灵后,投机行为必然出现,在法治氛围里,市场失灵给市场主体带来的心理恐惧有所减轻。在法治氛围里,大部分人遵守、认同法律,那么民众能够更安心地从事市场交易。随着市场经济的不断发展,以法律为手段来调节社会经济生活的比重也将不断提高。包括规范经济主体的法规、规范政府调控行为的法规、规范交易行为的法规以及保护消费者权益的法规,将在市场中发挥越来越重要的作用。法治氛围的形成保证市场经济安全、正常、健康、有秩序地运行。同样,当"民众必然渴望契约精神"[①]时,法治氛围的形成已然不远。

2. 市场经济是契约正义的经济

契约正义,又称契约公平,强调交易双方的权利、义务对等,旨在鼓励等价交易与公平交易,弘扬公平互利的精神,鼓励公平交易,激活投资活动。没有契约正义,市场主体将战战兢兢,如履薄冰,不敢轻易从事投资与交易活动。弘扬契约正义精神,注重追求当事人权利与义务之间的实质公平。契约正义要求参与市场与社会活动的各方当事人之间的权利、义务与责任的配置应当大致对等,反对一方只享有权利、利益与选择,而另一方只负有

---

① 刘俊海.试论法治化市场经济所需的契约精神[J].中国工商管理研究,2014(12):11-16.

义务、责任与风险;反对一方享有的权利、获得的利益过多,而另一方享有的权利、获得的利益过少;更反对一方负担的义务、承担的责任过重,而另一方负担的义务、承担的责任过轻。

法治追求公平正义,契约正义有利于法治氛围的形成。当现实符合这种认知时,民众会认为正义、公平实现了,会以肯定、接纳、参与、欣赏的心态融入到这种关系中。这种社会关系就会表现为和谐的社会关系。相反,民众则会否定、抗拒、排斥甚至挑战、反叛这种社会秩序和社会关系,就一定会产生社会冲突。

3. 市场经济是契约严守的经济

生效的合同等于有效法律,守约即守法。在弘扬契约严守精神方面,法治是基础,道德是关键。诚信原则"具有法律调节和道德调节的双重功能,使法律获得更大的弹性"[①]。契约严守的核心是一诺千金,愿赌服输。为强化契约严守精神,《民法典》第465条规定,依法成立的合同,受法律保护。契约严守的精神是道德和法律共同作用下的精神,对于法治氛围的形成意义重大。

川岛武宜在《现代化与法》中特别强调法治、守法精神以及法与道德的一致性。他认为,贯彻现代法的最大保障是"守法精神"——现代社会固有的特殊的法意识形态。现代法意识中的最根本的因素是主体性意识,包括对本人权利的主张和对他人权利的尊重这两个互相关联的方面。西方现代法本身就包含着自由意志与社会强制的内在矛盾,当守法精神出于自发,民众能更好地面对和处理这种固有的内在矛盾。

有学者认为,法律具有能够协调预期与增加或提高交易中信用激励的作用。[②] 从经济成本上看,违约或是违法行为导致经济损失。这种损失一方面是直接的货物损失,另一方面因为维权也要付出额外的利益代价。因而"正式法律在合同履行和财产保护方面对中国的经济发展起到了一定的作用包括信号作用和自我承诺作用"[③]。信号效应会发生在许多场合。比如,看似无私利他的(捐赠)行为,实际上是成本巨大的能使行为人赢得一种社会声望的信号。诚信信号对于交易的稳妥高效有着很重要的作用,诚信信号是在一次次交易中积累起来的。法治氛围对于民众的诚信观念和行为有

---

① 梁慧星.诚实信用原则与漏洞补充[J].法学研究,1994(2):22-29.
② Posner E A. Law and Social Norms[M]. Cambridge:Harvard University Press,2002:11-35.
③ 郁光华.经济增长与正式法律体系的作用[J].中外法学,2011(1):176-192.

着重要的培育作用。严守契约一定程度上意味着经济效率的提高,意味着信用效果进一步增强。

4. 契约精神是法治氛围得以形成的精神动力

我们不像西方社会那样契约观念根深蒂固。中国社会一直存在着一股反契约的强大力量。"建设法治必须确立起契约精神,并以契约精神作为意识基础。契约精神也正如契约有两个种类的划分一样,也包含两个类别。从民事契约的意义上讲,契约精神包含着自由、平等、妥协、互利、权利、诚信等精神内涵;从社会契约的意义上讲,契约精神包含着人民主权、法的统治、人权保障、社会权利等精神内涵。"①

长期以来,中国是一个乡土文化占据主导地位的国度,中国人在熟人关系和人情关系的氛围中形成了一种特有的人身依附关系,从而严重影响了契约精神的形成。因此信守契约,弘扬契约精神,构建和培育符合市场经济发展的契约精神,是法治氛围形成的精神动力。

三、社会学视角中的法治氛围

从社会学的视角看,法治氛围是一种人与人之间合作同生、合作共治的社会氛围。法律规则本身就是社会事实的表达,法治氛围的形成来源于民众对于法律的集体感觉。狄骥认为,民众之间的连带关系是人类得以生存所必须遵循的。② 这种关系包括:第一,同求的连带关系,指的是民众有共同需要,必须通过共同生活以满足这种需要。第二,分工的连带关系,指的是民众有不同的能力和需要。社会连带关系并非道德上的义务,而是一个永恒不变的事实,即民众必须生活在社会中,必须具有社会连带关系。法治氛围在民众相互冲突与合作的影响下更加浓郁。

很多社会学家将他们对社会的划分作为自己的理论基石。③ "社会学"

---

① 卓泽渊.法治的意识基础:契约精神与宪政精神[J].江苏行政学院学报,2004(5):91-97.
② 沈宗灵.现代西方法理学[M].北京:北京大学出版社,1992:224.
③ 如美国人类学家摩尔根将所有社会分成三组:原始社会、野蛮社会和文明社会(言下之意,非西方社会就理所当然地成了原始社会、野蛮社会);孔德将社会划分为神学阶段、形而上学阶段和实证主义(科学)阶段;而马克思则从经济基础的角度把人类社会划分为原始社会、奴隶社会、封建社会、资本主义社会以及社会主义社会及其高级阶段——共产主义社会。波普诺在其著作《社会学》一书中,则以社会成员如何生存(即他们的生存方式)为基础,考察了由伦斯基发展出来的分法。即狩猎采集社会(Hunting and gathering society)、园艺社会(Horticultural society)以及几乎同时代出现的游牧社会(Pastoral society)、农业社会(Agrarian society)、工业社会(Industry society)、后工业社会(Postindustrial society)。

一词最早由法国社会学家孔德提出。后来逐渐形成结构功能主义理论、冲突理论和互动理论等理论流派。结构功能主义理论认为,社会的每个部门都是为了维护社会的稳定而建构的,探讨的是社会秩序维持及其结构、过程和方法,以及社会的分化和整合。冲突论强调,社会行为必须从竞争团体间冲突和紧张的角度来研究。因为受到冲突与竞争的影响,所以社会经常经历革命性的变迁。互动理论主要分析民众日常的或者基本的互动形态。在社会与个人的互动中,社会影响着个人,个人的行为同时形塑着社会。这些不同的理论体现出社会学家们观察研究社会时的不同视角。同样,这些不同的理论也为我们研究法治氛围提供了不同的视角。

(一) 结构功能主义的理论视角

法治氛围是社会的整体氛围,这一整体氛围是由每一个个体或组织共同组成的。每一个个体或组织对法治的感觉都将以微弱的力量影响社会整体的法治氛围,这些微弱力量的聚集将深刻作用于整个社会的法治氛围。以涂尔干为代表的结构功能主义学者认为,社会是由许多相互依存的单元所组成的统一的系统,系统内部存在的每个单元发挥着自身特定的功能。系统和单元之间既相互依存又相互制约,共同维系着社会的稳定和团结。他还提出了著名的社会分工理论。即"分工具有整合社会机体,维护社会统一的功能"①。可以说,从功能主义的视角看来,法治氛围是由影响其形成的各部分之间所形成的一个复杂系统。

法治氛围中,不同的个体对于法治不同的声音共同构成了丰富的法治氛围,每一种声音都代表一种力量,它们共同维系着法治氛围。"在同一座城市里,不同职业的人能够共存,而不至于相互消灭对方,因为他们追求不同的目标。士兵追求军事上的荣耀,牧师则想成为道德权威,政界人物想得到权力,商人寻求财富,学者看重科学名望。"②结构功能主义认为社会是一个复杂的系统,社会的各个部分协同工作,维系着社会的存在。"当社会能够产生共同的联系形式以及共同的政治理念,并能够在市场内外的联系中不断加强团结时,社会就会存在,而不至于使社会关系发生断裂。"③当法治价值观调整民众对于法治的看法时,当社会的大多数成员认同一种共同的法治价值观时,良好的法治氛围更容易形成。法治氛围是在法治实践中主

---

① 埃米尔·涂尔干.社会分工论[M].渠东,译.北京:生活·读书·新知三联书店,2000:26.
② 吉登斯.资本主义与现代社会理论:对马克思、涂尔干和韦伯著作的分析[M].郭忠华,潘华凌,译.上海:上海译文出版社,2007:92.
③ 格罗·詹纳.资本主义的未来[M].宋玮,等译.北京:社会科学文献出版社,2004:53.

体能动实践的反映。业已形成的法治氛围,为民众的实践行动提供示范与引导,基于示范和引导的行为又更加符合法治的要求,从而营造更好的法治氛围。

(二) 冲突论的理论视角

法治氛围在社会冲突中得到整合,强烈的社会冲突可能导致整个社会的氛围巨大改变。冲突的过程让人了解到他人的需求,民众在冲突中寻求利益分配的解决办法,法治是其中的一种。在选择用法治解决冲突的过程中,法治氛围便悄然形成。

冲突论(Conflict Theory)认为,人类因为有限的资源、权力以及声望而发生斗争是社会变迁的主要原因,也是永恒的社会现象。冲突论者持有的一个共同信条是,社会总是处于对稀缺资源的争夺之中,其中最主要的稀缺资源之一乃是权力。他们认为,社会是一个一直展开权力争夺的竞技场。许多冲突论者认为社会及其秩序主要是依靠权力来维持的,并不是依靠共享价值观将民众"粘"在一起的。强者在社会中凭借自己的权势使弱者服从于他们。因而,冲突论者的一个最主要观点就是探求社会中占统治地位的群体是谁,他们如何获得这一权势,以及研究他们如何维持统治。在冲突论者看来,社会生活并不总是平静的,他们强调社会不断变化的不稳定的性质,社会总是处于极易破坏的平衡之中。因此,社会秩序是强制和力量的产物,是一种强者压迫弱者的统治。在激烈的社会冲突下,良好的法治氛围容易遭到破坏,平和的社会冲突对于法治氛围只起到局部和短暂的影响。

(三) 互动论的理论视角

法治氛围是影响人类行为的社会氛围,社会成员中的个体对于法治的态度、观点也会影响法治氛围的生成。互动论对形成社会结构的行动和社会成员之间的互动投入了更多的关注。马克斯·韦伯是最早研究互动理论及其意义的社会学家之一,他强调社会学的主要研究目的是解释他所提出的"社会行动"[①]。韦伯将科学、现代技术和科层制的发展总体描述为理性化,即依据效率原则,以技术知识为基础建立起来的社会和经济生活组织。韦伯使用祛魅(disenchantment)一词来描写现代世界的科学思想是如何对过去的情感性力量进行扫荡的。然而,韦伯对理性化的结果并不完全持乐观的态度。他担心作为一个体系的现代社会通过试图规范社会生活的所有方面,来压垮人类精神。法治氛围的形成从互动论的角度来看,分为"个体-

---

① Weber M. Economy and Society[M]. Oakland: University of California Press, 1978:54.

社会"的互动、"世代-世代"互动。法治氛围就是在社会成员的互动、学习中逐渐形成的。

(1)"个体-社会"的互动。法治氛围将个人融入法治社会,成为法治社会的元素并且维护法治社会的存在与运行;"个体-社会"的互动将个体塑造成为合格成员,就法治社会而言,将个人整合在法治社会之中,法治氛围由此更加浓郁。个人与社会之间以何种方式进行互动?在面对个体与社会的关系上,存有两种互相对立的观点。一种是以迪尔凯姆为代表的社会高于个体论。从哲学上看,这是一种社会本位的立场,是一种社会唯实论。另一种是以韦伯为主要代表人物的社会唯名论,此观点在本体论上认为,社会是由各个具有独立意义的个体所组成的,"社会"只不过是人造的一个词,对社会的理解应该还原于个体层面。社会唯实论和社会唯名论在社会价值观上必然表现为集体主义取向和个人主义取向的对立。无论是社会唯实论还是社会唯名论,个人在现实的社会行动过程中总是不可避免地会对这一关系所涉及的实际利益做出某种选择。无论是哪一种利益选择,都将受到法律的规范与调整。个人与社会的关系在法治范围内的协调、沟通、互动正是法治氛围的产生基础。

(2)"世代-世代"互动。从主体的角度来看,法治氛围的存在与延续都是通过世代与世代之间的传承与更替而达成的。法治氛围在不同的社会里以及在同一社会的不同时期里都会表现出一些独有的特征。但是,人类社会的演进乃是通过世代与世代之间的更替来实现的。法治氛围通过世代与世代的互动完成了法治文化领域内的传承与更新。因此,代际更替不仅成为社会传承的一种重要机制,同时也成为社会更新的一种重要机制。法治氛围是一种相对稳定的社会状态,在社会变迁中的文化传递起到媒介作用。代际互动模式基本上可以归为两大类型。一类是代际合作或促进,另一类是代际冲突或阻挠。成功的或有效的世代与世代的互动预示着法治氛围在发展阶梯上向更高一层迈进。

四、心理学视角中的法治氛围

民众守法并不完全因为畏惧法律的强制力,还可能因为习惯或者内心的自愿。法治氛围是民众的心理感受凝聚起来的一种心理氛围。

(一)精神分析理论视角

在民众对于法治观念的不断内化中,法治氛围弥漫在法治的时空。个人价值观念的形成离不开自身通过内化外在社会的需要,以及个人通过内化学习与完善自我。社会化内化是自己的思想观点受到外界观点的影响,从而改造自我观点,逐步形成一个比原有观点更新的、统一的思想体系。精神分析理论的主要理论观点包括精神层次理论、人格结构理论等。"一般来说,我们的文明乃是建基于对本能的压抑上的。"①法治观念的内化使得民众遵守法律、敬畏法律,法治观念逐渐内化为民众的思想与观点,指引民众的行为,提高整个社会法治水平,形成日渐浓郁的法治氛围。

在内化的过程中,榜样起了十分重要的作用。弗洛伊德认为,榜样品质内化的标志乃是超我的形成。在法治氛围形成中,国家和政府的榜样作用更为重要。因为"令人畏惧的外在权威的存在,是不断滋育内在化权威良心的根源"②。榜样的力量是无穷的,提供了民众修身、处世的方向。所谓见贤思齐就是给民众提供思想和行为上的范式。"良心是本能放弃的结果,或者本能放弃(外加的)产生了良心,因此就要求做出更多的本能放弃。"③正确的引导民众遵纪守法,形成法治思维与法律观念,需要民众从榜样那里学习,获得能量。法治氛围在民众向榜样学习的过程中逐渐形成并强化。

(二) 社会学习理论视角

法治氛围在人类观察他人的法治行为并进行模仿学习后形成得更好。"由于民众具有自我指导的能力,使得民众可通过自我的结果为自己的思想、情感和行为施加某种影响。"④社会学习理论是美国心理学家班杜拉在行为主义的刺激-反应学习原理基础上建立起来的理论。社会学习理论认为,个体的学习行为有三种机制,即联结、强化和观察学习。个体常常在社会中通过观察别人的行为而学习,学得又多又快。这三种机制为民众正确理解社会行为提供了独特的视角和方法。

社会学习理论中的联结概念,源于巴甫洛夫的经典条件反射学说。根据该学说提出的联结理论认为,学习就是刺激-反应联结的形成。这一理论强调各种联结的作用:情境与行为的联结,一些行为与另一些行为的联结,一些知觉的联结,甚至一些情绪也是由联结而形成的。在社会心理学中,民众经常用联结的观点来解释社会态度、人际吸引、社会规范等现象。

强化理论认为,民众通过学习表现出某种行为是因为随后会有一个令

---

① 弗洛伊德.性学和爱情心理学[M].罗生,译.上海:百花洲文艺出版社,1996:199.
② From E. Man for Himself[M]. New York: Routledge and Kegan, 1948:145.
③ 弗洛伊德.一个幻觉的未来[M].杨韶钢,译.北京:华夏出版社,1999:56.
④ 高申春.人性辉煌之路:班杜拉的社会学习理论[M].武汉:湖北教育出版社,1999:126.

人愉快的,或者可以满足某种需要的东西出现,这是一种正强化;而民众避免表现出某种行为是因为随后会有一个不愉快的结果出现,这是一种负强化。强化可以分为直接强化、替代强化与自我强化三种。直接强化就是民众受到自己行为的直接后果的影响;替代强化就是民众还会观察他人做出行为后得到了什么后果,这种后果也会影响民众是否做出以及怎么样做出相同的行为;自我强化就是民众在行为之后,对自己的认知与评价会影响他进一步的行为表现。在行为强化过程中,强化物、强化频率、强化时间等都会对民众的行为产生影响。

观察理论认为,民众仅通过观察他人或模仿榜样,就可以学习某种社会态度和行为。在观察学习中,环境中的他人是一个重要的信息来源。观察学习可以在没有任何其他外在强化的情况下出现。人可以从他人的示范中,在自己从未行为的领域获得经验,避免许多不必要的错误。法治氛围给民众提供模仿学习的场域,就有可能改变民众的不良行为,形成良好的行为。法治氛围在民众观察他人的法治行为并进行模仿学习后形成得更好。

第三节 法治氛围与相关概念

一、法治氛围与社会氛围

社会是"以一定的物质生产活动为基础而相互联系的人类生活共同体"[①]。氛围是"四周的气氛情调和环境"。[②] 社会氛围是在社会中的社会成员对社会中包括政治、经济、文化等各个领域的认识所形成的社会状态和社会环境。社会氛围体现了当时社会的社会风尚和人情百态,它是一种对社会治理产生影响的精神气候。社会氛围在社会形成之初便已产生,不同历史阶段的社会氛围有所不同,到了特定历史阶段,即法治作为治国理政的基本方式,才会有法治氛围的形成。因而,法治氛围是社会氛围的表现之一,

---

① 夏征农.辞海[M].上海:上海辞书出版社,1999:4259.
② 商务印书馆编辑部.辞源[M].北京:商务印书馆,2009:355.

从逻辑上看,二者是属种关系。

(一) 社会氛围概述

社会氛围是一种社会状态和环境,具体表现为一定的社会风尚、社会风气等。社会氛围由社会政治氛围、经济氛围、文化氛围等社会各个领域融合在一起,是社会各部分结合在一起的整体风尚与风气。社会氛围并不是一成不变的,它由社会主体价值观主导。一元化的价值理念与意识形态会引导民众思维的单向性以及行为的趋同性。而多元化的价值观念由于其本身就是一种价值体系的不统一,所以价值理念之间的冲突在所难免。"某些时候,信念与信念之间总是存在着冲突,知觉也是相互共存的。一旦我们陷入怀疑,就会觉得两种信念都是不可缺少的;每种信念都有存在的理由;每种信念都会产生行为的动机,都可以说不,甚至都是预设好了的;它们彼此对立,相互争夺。要想摆脱这种怀疑,我们就必须祛除一方。"[①]社会氛围重视宏观环境中的一种甚至多种气氛基调,它体现了社会成员与社会环境的主客体交互关系,反映并且影响着社会以及社会成员的精神面貌与行为趋势。积极的社会氛围将对社会发展有重要的支撑与推动作用。

(二) 法治氛围是社会氛围的种概念

广义的社会氛围,从内容上看,包括政治氛围、经济氛围、文化氛围、法治氛围。因此,法治氛围是社会氛围的种概念。法治氛围是社会主体和社会环境相交互的,是法律在一定空间上得以良好遵从的一种社会氛围,是法治在思想上与实践上内化与外显的相互渗透的社会现象。法治氛围反映着社会主体对法治的心理情绪、精神气质及价值取向。作为一个过程,法治氛围乃是社会成员共同建构的,包括生成、改变以及沉积;作为一种动力,法治氛围不断为社会个体提供法律场域与舆论背景,潜在地诱发、引导、推动、限制着社会主体的行为活动。社会需要弘扬主流社会价值观念。要培育理性平和、积极向上、自尊自信的社会心态。法治氛围需要在法治状态下才能形成,因而,法治氛围只能在一定历史时期才能形成。

---

① 朱力.社会治理需要良好的氛围[J].人民论坛,2015(17):14-17.

二、法治氛围与法治环境

(一) 法治环境概述

环境是"围绕着人类的外部世界,是人类赖以生存和发展的社会和物质条件的综合体"①。环境可以分为自然环境和社会环境。自然环境按其组成要素,又可分为大气环境、水环境和生物环境等。社会环境则是人类在自然环境的基础上,通过长期的有意识的社会活动,加工改造自然界的物所创造出来的新环境。广义上说,社会环境包括整个社会风尚②与社会关系③。法治环境是一种依法治国的社会环境,从广义上说,它包括法治社会的风尚与社会关系。由于风尚是社会或集体的爱好或习惯,因此,法治环境是民众法治习惯和法治社会之中社会主体之间关系的总和。也就是说,除了民众的法治习惯,法治环境还包括社会主体之间的权利与义务关系。法治环境必须在法律制度的基础上对拥有国家权力的主体进行约束与限制,法治环境的出发点和归宿要落实在公民权利的维护上。法治环境包含一套完善的法律法规体系,法治环境是一种依法行政、文明安全的执法环境,法治环境是一种为社会服务、高效廉洁的政务环境,法治环境是一种为社会主体所享有的行使法律监督的社会环境。

法治环境是界定一国或某一区域竞争力的指标之一,如果没有良好的法治环境作为保障,就难以实现经济社会健康、快速、持续发展。良好的法治环境是项目建设和招商引资的重要吸引力。没有良好的法治环境,就有可能出现"热情迎商,关门宰商"的情况,到头来没有人敢来投资。因此,良好的法治环境也是生产力。法治环境的优劣,体现了一国或某一地区维护社会文明进步在制度化管理上的水平与程度。它是社会管理日渐文明过程中所形成的以制度、行为与习惯为特征的社会客观基础。

由于法治环境是一种客观存在的制度、行为与习惯,有学者提出了包括立法指标、执法指标、司法指标、守法指标、监督指标在内的法治环境评价体

---

① 夏征农.辞海[M].上海:上海辞书出版社,1999:3248.
② 风尚即在一定社会时期中社会上流行的风气和习惯,或者可以理解为社会上或某个集体中流行的爱好或习惯。
③ 社会关系是指社会中人与人之间关系的总称。社会关系包括个人之间的关系、个人与群体之间的关系、个人与国家之间的关系;一般还包括群体与群体之间的关系、群体与国家的关系。这里群体的范畴,小到民间组织,大到国家政党。这里的国家在实质上是一方领土之社会,即个人与国家的关系就是个人与社会之间的关系,而个人与世界的关系就是个人与全社会之间的关系。

系指标。① 也有学者指出,法治环境评价指标体系有诸如法规规章总量、年制定、变更及废止法规规章数、法院一审人均年收案数等作为基本指标。② 总的来说,法治环境的评价标准主要包括权力受到法律制约和权利的确认与维护两大内容。

气氛是弥漫在特定时空中的能够影响行为过程与结果的各种心理感受的总和。法治氛围体现了社会主体对于法治的情感。法治情感是社会主体发自内心的对于法治的敬畏、认同、尊崇的状态。亚里士多德认为,得到赞同的良善的法制离不开公民的情操。③ 社会主体具有法治情感,便会对法治产生依恋感和归属感,这会激发社会主体对于法治的敬畏、认同、尊崇,甚至愿意为之献身。所以,"倘若其情感生命力枯竭如此,则法律将不可能幸存于世"④。正是由于社会主体对于法治的敬畏、认同、尊崇,甚至愿意为之献身,法治才找到其正当性与合理性的基础与根源。

(二) 法治氛围与法治环境的关系

法治氛围与法治环境的联系。法治氛围是人作用于法治环境中得到的情感体验、心理生成以及观念融合的整体状态。法治氛围是人这一主体通过自身或者他人的行为,并结合那一时代的法治环境形成的感受。法治氛围的优良状态离不开良好的法治环境这一客观存在。法治环境是制度建构

---

① 陈筠丰.论区域法治环境评价体系建设[J].职大学报,2013(5):33-38.

一级指标	二级指标			
立法指标	合法性	稳定性	公开性	有效性
执法指标	依法执行	程序合理	行政侵权	行政赔偿
司法指标	司法独立	司法公开	业务水平	职业道德
守法指标	法律意识	普法教育	犯罪率	维权行为
监督指标	人大监督	行政监督	群众监督	舆论监督

② 它们是 a. 法规规章总量(万件);b. 年制定、变更及废止法规规章数(万件);c. 法院一审人均年收案数(万件/万人);d. 行政机关人均年查处案件数(万件/万人);e. 法院二审改判、发回重审案件占总收案数的比例(%);f. 法院年强制执行案件数(万件/万人);g. 法院年申请强制执行案件数(万件/万人);h. 法院年收案数增长率(%);i. 行政机关年查处案件增长率(%);j. 人均年政法经费数(万元/万人);k. 人均诉讼费(元/人);l. 政法经费的年增长率(%);m. 人均年行政复议案件总量(万件/万人);n. 人均年行政诉讼案件总量(万件/万人);o. 万人律师数(名/万人);p. 人大代表直接选举选民投票率(%);q. 行政诉讼案件年增长率(%);r. 离婚率(%)(附加指标)。(城市法治环境评价体系与方法研究课题组.构建城市法治环境评价指标体系的设想[J].公安大学学报,2002(5):12-18.)

③ 亚里士多德.政治学[M].吴寿彭,译.北京:商务印书馆,2009:275.

④ 伯尔曼.法律与宗教[M].梁治平,译.北京:中国政法大学出版社,2003:27.

与制度执行的客观存在,为法治氛围提供必不可少的客观条件。

法治氛围与法治环境的区别。如前所述,法治氛围可以在特定事件中被民众在短期内察觉;同时,法治氛围亦能够传播和凝聚法治文化,需要长期生活在该区域才能感受到。法治环境是一种客观存在,它是一个区域的法治文明的发展状态。从一定意义上看,法治环境是法治氛围的固化和外化,它是社会主体可以通过生活在其中并与之交往而感受到的,比如,社会主体可以通过执法机关文明执法的行为,而切身感受到该区域法治发展的质量与水平。

三、法治氛围与法治文化

(一) 法治文化概述

"一切问题,由文化问题产生;一切问题,由文化问题解决。"①钱穆先生这样说过。"文化的进步与自觉在其最终价值指向上,必然是人的全面发展。"②文化是一个外延宽广、内涵丰富的概念,文化有广义和狭义之分③。泰勒认为:"文化,就其广泛的民族学意义来说,是包括全部的知识、信仰、艺术、道德、法律、风俗以及作为社会成员的人所掌握和接受的任何其他的才能和习惯的复合体。"④

对于法治文化的定义,学者们也是仁者见仁、智者见智。⑤ 总的来说,广义的法治文化,既包括法律制度、法律规范等制度层面,也包括民众对法律的情感、思想、意识等精神层面内容,还包括人的行为方式。狭义的法治文化,仅指法律现象中的精神层面,主要是民众的法律观念、法律意识、法治理

---

① 钱穆.文化学大义[M].台北:中正书局,1981:3.
② 邹广文.论文化自觉与人的全面发展[J].哲学研究,1995(1):27-33,58.
③ 文化"广义指人类在社会实践过程中所获得的物质、精神的生产能力和创造的物质、精神财富的总和。狭义指精神生产能力和精神产品,包括一切社会意识形式:自然科学、技术科学、社会意识形态。有时又专指教育、科学、文学、艺术、卫生、体育等方面的知识与设施。作为一种历史现象,文化的发展有历史的继承性;在阶级社会中,又具有阶级性,同时也具有民族性、地域性。不同民族、不同地域的文化又形成了人类文化的多样性。作为社会意识形态的文化,是一定社会的政治和经济的反映,同时又给予一定社会的政治和经济以巨大的影响"。(辞源[M].北京:商务印书馆,2009:1858.)
④ E. 泰勒.原始文化[M].连树生,译.桂林:广西师范大学出版社,2005:1.
⑤ 比如在龚廷泰教授所著的《法院文化建设的最高境界:追求司法的真善美》、李德顺教授所著的《法治文化论纲》、刘作翔教授所著的《法治文化的几个理论问题》、徐爱国教授所著的《从法律文化到法治文化的荆棘之路》、蒋传光教授所著的《中国特色先进法律文化创建及其路径》中,都论述了法治文化的内涵。

念、法律思想、法律价值取向等内容。狭义的法治文化意味着"法治精神得以社会普遍化的实践和实现,是按法治精神实践的方式、过程和实现的结果。因为实践中的具体情况很复杂,我们就要注意从总体上深刻地理解法治的精神实质和实践导向,关注社会发展中出现的现实问题,通过具体、切实的工作,推动法治建设"①。

有法律不一定有法治,"法治乃是由一系列特定的社会文化条件所建构的法律的统治。法治不能脱离特定的社会文化条件,对法治的理解也不能抽去这些社会文化条件,将其简单地视为违法必究式的严格执法。"②同理,有法律文化也不一定就有法治文化。比如,"我们国家有着历史悠久的法律文化,但不能讲我们国家具有历史悠久的法治文化"③。从称谓产生的时间上看,应该是法律文化最先,法制文化其次,法治文化最后。法治文化除了文化所具有的基本功能外④,它还为法治社会的建设提供了强大的精神动力、智力支持以及正确的思想保障。

从历史上看,中国作为一个深受人治文化影响的国家并不具备法治文化之传统。"中国是世界上少有的拥有四五千年连续不断的文明发展史的国家,其文化积累之丰富,传统价值观念之持久稳定,都是世界文明史上少有的。"⑤中国根深蒂固的人治文化严重阻碍了法治思想的形成与发展。另外,中国当前的法治具有浓厚的实用主义色彩,这使得中国的法治文化缺少理性的法律精神与灵魂。这也预示着狭义的法治文化建设在中国将任重而道远。

文化具有极强的本土性,当"中国式过马路""走关系"等现象已经很普遍地被民众接受时,我们需要反思到底是什么力量让规则失效。中国法治之路吸收移植了很多国外的制度、理念与经验。但是"法律是一种文化的表现形式,如果不经过本土化的过程,它便不可能轻易地从一种文化移植到另一种文化"⑥。长期以来的乡土人情文化很难让我们在短期内形成西方那样的法治文化。所以,一样的制度及实施却产生"南橘北枳"的现象,不得不说,法治文化及其内在的伦理基础与价值支持对法治实践有着重要作用。

---

① 李德顺.怎样理解法治文化[J].中国政法大学学报,2012(1):7-9.
② 尹伊君.社会变迁的法律解释[M].北京:商务印书馆,2003:379.
③ 刘斌.法治文化三题[J].中国政法大学学报,2011(3):22-26,158.
④ 比如社会智慧传承功能、社会力量整合功能、社会秩序维持功能、社会行为导向功能。
⑤ 李栋,漆晓昱.中国法律近代化道路选择的误读与驳正:兼谈英美法与中国法律近代化研究的意义[J].湖北大学学报(哲学社会科学版),2013(6):105-109.
⑥ 格林顿.比较法律传统[M].高鸿钧,等译.北京:中国政法大学出版社,1992:6.

"一般来说,观念支配行为,思想决定行动,而良好的制度和规范又影响和塑造着民众的思想观念体系。可以这样讲,法治文化建设是建立在以上对法治文化理解的基础之上的。法治文化建设就是制度性文化建设与观念性文化建设的结合和互动。我们既应该高度重视法律制度的建设,也要高度重视对公民观念的塑造和提高。制度性文化建设和观念性文化建设就是我们所说的法治文化建设。"[1]

(二) 法治氛围与法治文化的关系

法治氛围与法治文化的关系是一种既相互区别又相互联系的关系。广义的法治文化是包含价值体系、制度体系、行为体系的法律文化。广义的法治文化是法治的物质财富与精神财富的积淀与表现。法治氛围属于法治文化的一部分,二者是部分与整体的关系。狭义的法治文化是法律现象中的精神层面,主要是民众的法律观念、法律意识、法治理念、法律思想、法律价值取向等内容。法治氛围是在法治社会里,民众在践行法治的过程中,形成了普遍敬畏、认同、尊崇法律的可感知的整体社会状态和社会氛围。法治氛围不仅包含民众对于法律的意识、观点和态度,还包括民众对其所实施的法律行为产生的普遍社会效果,即对法律的敬畏、认同、尊崇的感受和表现。因而,法治氛围是法律意识、法律观点及其外化——行为的效果弥漫在法治的时间与空间所形成的状态和气氛。

狭义的法治文化与法治氛围的联系,首先,二者都包含了民众的法律观念、法律意识、法律价值取向等精神方面。其次,二者都对人的思想有启蒙作用。最后,通过法治氛围的营造,有利于公民法治素养提高,可以为法治文化建设奠定社会基础,并逐渐在整个社会中积淀升华为一个国家和社会的法治文化。

狭义的法治文化与法治氛围二者的区别体现在:第一,从表现形态上看,狭义的法治文化包括精神层面的法治文化积淀与法治文化状态。法治氛围是法律意识、法律观点及其外化弥漫在法治时空的状态。如果说狭义的法治文化是空气中灰尘与灰尘所积淀的尘土的话,那么法治氛围只是弥漫在空气中的灰尘。第二,从二者形成、变化的速度上看,狭义的法治文化包括文化的积淀与状态,故而形成的时间长,同理,想要改变已经形成的法治文化相对不易。法治氛围并不是根深蒂固的社会状态,氛围相对文化来说具有不稳定性,因而法治氛围比法治文化更容易形成也更容易改变。第

---

[1] 刘作翔.法治文化的几个理论问题[J].法学论坛,2012(1):5-10.

三、法治文化体现了长期的、系统的、全面的法律观念与法律意识。法治氛围则更多地体现为社会民众的相对较为短期的、不稳定的法律观念与意识。

四、法治氛围与法治精神

(一) 法治精神概述

精神一词含义丰富[①],对于法治精神的内涵,学者们有着不同的见解[②]。笔者认为,法治精神是一种基于理性认知基础上的法治价值观,是社会主体对法律经验的凝结和升华,是社会主体思想意识中对于法治所形成的长久、稳定的法学的世界观与价值观念等意识形态。法律制度可以是民族的,比如孟德斯鸠认为,"为某一国人民而制定的法律,应该是非常适合于该国人民的,所以如果一个国家的法律竟能适合于另外一个国家的话,那是非常凑巧的事"[③]。但法治精神却是世界的,"世界上的法治实践有千般模样,其精神却是共通的,那就是恪守法律规则,遵从德性"[④]。

法治精神是法治的灵魂,是法治具有活力的源泉。"对中国人民进行法治精神的启蒙教育,是厉行法治的必要前提。"[⑤]如若缺乏法治精神,法律制度的贯彻落实将大打折扣。法治精神的形成与法律制度的建设同等重要,然而我国人治文化使得法治精神难以形成。黑格尔认为,"历史对于一个民族永远是非常重要的。因为他们靠了历史才能够意识到他们自己的'精神'表现在'法律'、'礼节'、'风格'和'事功'的发展行程"[⑥]。法治精神是历史积累下的理性沉淀。

(二) 法治精神与法治氛围的关系

法治精神与法治氛围二者都是法治的客观表现。但二者又有区别:法

---

① "精神"与"物质"相对。唯物主义常将其当作"意识"的同义概念。可指人的内心世界现象,包括思维、意志、情感等有意识的方面,也包括其他心理活动和无意识的方面。可指神志、心神。宋玉《神女赋》:"精神恍惚,若有所喜。"可指精力,活力。李郢《上裴晋公》诗:"龙马精神海鹤姿。"可指神采、韵味。方岳《雪梅》诗:"有梅无雪不精神。"可指内容实质。如传达会议的精神。(夏征农.辞海[M].上海:上海辞书出版社,1999:5178.)

② 在钱鸿献所著的《西方法治精神和中国法治之路》,蒋先福所著的《法治战略与民族法治精神的培育》,韩大元所著的《法治精神不断完善国家的价值体系》,卓泽渊所著的《法治精神是法的价值》,张进军所著的《领导干部要带头弘扬法治精神》,张文显所著的《法哲学通论》中都有关于法治精神的精辟解读。

③ 孟德斯鸠.论法的精神[M].孙立坚,等译.西安:陕西人民出版社,2001:312.

④ 王人博.何为法治精神[J].人民教育,2014(23):1.

⑤ 张文显.厉行法治需以法治精神的启蒙教育为先导[J].法学,1989(4):12.

⑥ 黑格尔.历史哲学[M].王灵皋,等译.北京:商务印书馆,1936:206.

治精神主要指法治的内在品质与内在价值。法治精神首先需要肯定权利的精神。"中国人的悲哀就在于太懂义务,不知权利为何物。"[1]其次需要弘扬契约的精神,最后还需要摒除法律工具主义观念。法是理性、正义的产物,法不是单纯的统治工具。法治氛围是法律意识、法律观点及其外化——行为的效果弥漫在法治的时间与空间所形成的状态和气氛。这种客观性体现为民众情感的客观存在。

法治精神侧重于法治的内在品质,而法治氛围则侧重于民众有关法治的意识、观点和态度的集合。法治精神具有场域空间的宏观性,它比法治氛围有其更为广阔的存在时空,而法治氛围相对于法治精神来说,其存在的空间场域相对狭小。例如,在同一个国度里,不同地区的法治氛围可能会存在较大的差异,它的存在空间和适应氛围都可能是有限的。法治精神作为一种时代精神,具有客观精神的特征,它一旦形成,就会对整个国家、整个民族、整个时代产生持久且巨大的影响力而法治氛围则具有多样性,它的影响力要比法治精神弱小得多。

五、法治氛围与法治习惯

(一) 法治习惯概述

为什么把民间习惯法称为"法"?"由国家承认并以其合法武力或明或暗予以维护的民间习俗、惯例和调处等当然应当被视为法。"[2]习惯是指"由于重复或多次练习而巩固下来并变成需要的行动方式"[3]。故而,法治习惯乃是法律治理下社会主体需要的行动方式。在龚廷泰教授看来,良好的法治习惯"是长期积淀在社会主体中的法治意识并自觉外化为人的较为稳定、较为持久、较为强烈的法治思维方式、生活方式和行为习惯"[4]。笔者十分赞同这一观点,法治需要法治习惯的支持。哈耶克指出:"任何法律和政令的贯彻,如果没有习惯的支持,就必然需要使用更大的国家强制力。"[5]习惯的形成需要多次重复与练习,当社会主体形成法治习惯后,对于行政人员来

---

[1] 钱鸿献.西方法治精神和中国法治之路[J].中外法学,1995(6):24-29.
[2] 梁治平.清代习惯法:社会与国家[M].北京:中国政法大学出版社,1996:152.
[3] 夏征农.辞海[M].上海:上海辞书出版社,1999:259.
[4] 龚廷泰.论中国特色社会主义法治理论发展的法治实践动力系统[J].法制与社会发展,2015(5):5-16.
[5] 郑也夫.代价论:一个社会学的新视角[M].北京:生活·读书·新知三联出版社,1995:110.

说,他们会自觉的依法办事、依法执行管理社会事务;对于普通民众而言,他们会自觉的依法行使权利与履行义务。习惯难以形成也难以改变,当良好的法治习惯成为民众生活的日常状态,就会达到法家所说的"至安之世,法如朝露,纯朴不散,心无结怨,口无烦言"①。

"使每一个公民,尤其是每一个干部,都牢固地树立法制观念,特别是宪法观念,逐步使我们的宪法和法律家喻户晓,人人养成遵守宪法和法律,依法办事的观念和习惯。"②良好的法治习惯是社会主体从思想上自觉,从行为上自律地认同与接受法律。良好的法治习惯,有利于民众在遵守法律时从他律转为自律。国家法律实施从依靠国家强制力的外部力量到依靠个体的自律,便是法治从他律到自律的转化过程,便是最终保证了法治的有效实现。法治从强制到自觉升华的过程,便是外部力量和内部力量结合的过程。最终保证了法治的有效实现。

法律制度在设计上要具备它所适范围内的主体,要具备亲和力,只有这样,社会主体才会意识到自身利益与法律休戚相关;才能在实际运作中不断受到法治精神熏陶;才能形成对于法律规则的依赖;才能唤醒社会主体对于法律的习惯性遵守。法治习惯的形成将为法治提供坚实的主体支撑。因此,除了法律要科学完善具备亲和力之外,法治习惯的形成还需要依靠自愿服从法律管理、自觉遵守法律规则的公民。这种新式公民的培养并不是一蹴而就的,而是需要经历一个漫长的过程。在这一漫长的过程中"逐步形成办事依法、遇事找法、解决问题用法、化解矛盾靠法的良好法治习惯"③。

(二)法治氛围与法治习惯的关系

法治氛围是在法治社会里,民众在践行法治的过程中,形成的普遍敬畏、认同、尊崇法律的可感知的整体社会状态和社会氛围。法治氛围不仅包含民众对于法律的意识、观点和态度,还包括民众对其所实施的法律行为产生的普遍社会效果,即对法律的敬畏、认同、尊崇的感受和表现。因而,法治氛围是法律意识、法律观点及其外化——行为的效果弥漫在法治的时间与空间所形成的状态和气氛。法治习惯是检验法律体系是否符合法治精神的试金石。"建立在规则知识、规则意识、规则需要基础上的规则习惯是这样一种状态:民众遵守规则成为一种习惯,习以为常,在一般情况下无所谓是

---

① 《韩非子·大体》。
② 彭真.论新时期的社会主义民主与法制建设[M].北京:中央文献出版社,1989:208.
③ 张文显.法治与国家治理现代化[J].中国法学,2014(4):5-27.

权利还是义务。"①培养新式公民,引导公民形成法治习惯,为法治秩序的建立提供主体支撑。法治的最终实现需要民众对法律的遵守,实现外在行为方式与内心自觉自愿相一致。

由此可知,法治氛围内在地包含着法治习惯,良好的法治氛围的形成,离不开社会主体自觉尊法、守法、用法的良好习惯。离开了主体自觉的法治习惯,法治氛围也就成了无源之水,无本之木。因此,要营造社会的法治氛围,其必要前提是,必须在全社会形成"法治宣传教育,引导全民自觉守法、遇事找法、解决问题靠法"②的法治习惯,从而"使尊法守法成为全体人民共同追求和自觉行动"③。

---

① 张文显.法治的文化内涵:法治中国的文化建构[J].吉林大学社会科学学报,2015(4):5-24,248.

②③ 中共中央关于全面推进依法治国若干重大问题的决定[M].北京:人民出版社,2014:30-31.

第二章　法治氛围的功能

作为一种社会状态,法治氛围反映着社会主体的心理情绪、精神气质及价值取向;作为一个过程,法治氛围乃是社会成员共同建构的历史延续,包括生成、改变以及沉积的过程;作为一种动力,法治氛围不断为社会个体提供法律场域与舆论背景,为社会主体提供学习法律知识与法治观念的平台。法治氛围潜在地诱发、引导、推动、规范着社会主体的行为活动。洛克认为:"法律按其真正的含义而言,与其说是限制还不如说是指导一个自由而有智慧的人去追求他的正当利益。"[①]法治氛围是法治实践的法治文化的体现,法治文化也是一种生产力,法治氛围对于社会变革中的改革、发展、稳定有着支持和协调作用,对于政治、经济的发展和稳定起着重要的保障作用。有时,通过调节氛围可以达到改善行为进程与行为结果的效果。比如,庭审氛围的改善有助于庭审的顺利完成。此外,良好的法治氛围有助于法治文化的培育,以便民众能够认识法治、认同法治;法治氛围有助于法治共识的凝聚,以便民众可以尊重法治、崇尚法治;法治氛围有助于主体行为的引领,以便民众更好地践行法治、维护法治。法治氛围不仅仅是一个新概念,还具有其独特的功能价值。法治氛围的功能不容忽视,意义重大。

第一节　培育法治文化

正如格兰顿等人所说,"法律是一种文化的表现形式"。[②] 西方社会的法治历程表明,西方法治有其特有的文化基础:首先,罗马法私法体系所体现的个人权利与义务系统;其次,各学派在罗马法复兴运动中揭示的古代法的

[①] 马基雅维里.君主论[M].潘汉典,译.北京:商务印书馆,2009:204.
[②] 张文显.论立法中的法律移植[J].法学,1996(1):6-9.

人文价值与时代意义;再次,文艺复兴中所倡导的个人自由、人格崇高的观点;最后,宗教改革追求的勤俭、禁欲以及聚集财富等对上帝尽责尽忠的"天职"观念。① 这些法治文化基础是西方近代法治秩序平稳顺利形成的隐形条件。而在我国法治建设中,法治文化的匮乏与缺失有着深层的历史和现实原因。"文化是法治之源,有什么样的文化,就会产生什么样的法治状态。文化是法治的内在动力,法律的实施受民众的心态、意识、观念、情感、行为趋向的影响,文化一旦形成,就根植于民众的心中。"② 公丕祥教授认为,"法治文化是法律制度结构和法律观念结构,以及自觉执法、守法、用法等行为方式,是包含民主、人权、平等、自由、正义、公平等价值在内的人类优秀法律文化类型。法治文化的本质是人的一种生活方式,因此,法治文化需要培育,法治文化需要认同,法治文化更需要践行"③。法治文化的传播是社会信息的传递或社会信息系统的运行,是人与人之间、人与社会之间,通过有意义的符号进行信息传递、信息接收或信息反馈的活动。按照麦克卢汉的观点,即"从漫长的人类社会发展过程来看,真正有意义的'讯息'不是各个时代的传播内容,而是这个时代所使用的传播工具的性质、它所开创的可能性以及带来的社会变革"④。浓郁的法治氛围可以为社会主体提供法律场域与舆论背景,发挥传播、培育法治文化的功能。法治氛围对于法治文化的传播和培育体现在法律知识和法治观念上,在法治氛围中,民众可以汲取并巩固法律知识、法律常识,这可以培养与强化民众的法治观念,让他们对固有的法律知识和法治观念进行修正、完善。

一、普及与巩固法律知识

法律知识的汲取主要依赖法治教育和媒介传播。随着社会的发展,传播媒介多元化,报刊、电视、网络等媒体以及法治宣传教育活动,如开展法治讲座、论坛、法律咨询服务,使得网络新媒体成为广大民众获取法律资讯的重要渠道。从表面上看,在良好的法治氛围中,各类执法主体通过向民众普及法律知识,弘扬法治精神,从而营造浓郁的尊法、学法、守法、用法的法治文化氛围。同时,浓郁的法治文化氛围对于满足民众关于法律知识的需求

---

① 蒋先福.法治的文化伦理基础及其构建[J].法律科学,1997(6):3-9.
② 刘斌.中国当代法治文化的研究范畴[J].中国政法大学学报,2009(6):5-24,158.
③ 公丕祥.法治[M].南京:江苏人民出版社,2015:201.
④ 李春媚.大众传媒的本质属性与权力特征[J].扬州大学学报,2003(6):88-92.

起到了强烈的传播、巩固和内化作用。

我国属于后发型法制现代化的国家,走的是政府推进型的法制建设道路,主要通过大量的法律移植来构建自身的法律制度,实践中时常会出现法律失灵的尴尬。一些脱离我国实际的法律制度无法在生活中扎根,更遑论促进法治文化的建设。我国虽然是政府推动型法治,但是法治并不是政府的独角戏,需要政府、社会和民众的多元互动,良好的法治氛围有利于这种互动。良法善治的社会氛围实质上就是以民众为中心的治理,它需要广大民众的积极参与。党的十八届三中全会决定指出,要创新社会治理体制,增强社会发展活力,必须"坚持系统治理,加强党委领导,发挥政府主导作用,鼓励和支持社会各方面参与,实现政府治理和社会自我调节、居民自治良性互动"①。可见,在法治建设过程中,"民众并不是法治的旁观者,而是法治的直接参与者。在法治建设的每一个进步之中,中国民众都以可贵的耐力与决心,维护自身权益,不懈追求正义,承担了法治所带来的所有阵痛。同时,他们的卓绝努力也为法治进程注入了新鲜的活力和动力"②。这表明,在建设社会主义法治文化的过程中,对法律、法治有迫切需求的民众既是普及和巩固法律知识的需求方,也是法治文化建设的最重要动力源;既需要党委政府发挥主导作用,也需要社会各方发挥积极作用。而良好的法治氛围,使这些作用能够更为顺利地发挥和实现。

民众对于法律知识的汲取来自他们的实际需求和关注,可以激发法治文化活力。法治文化的形成由自上而下的宣导和自下而上的汲取固化。长期以来,我们较为重视政府主导的法治宣传和法律知识的普及传播,的确也取得了非常明显的作用。但是我们存在执法、司法的不公,官员的贪污腐败,社会组织缺乏活力,社会守法诚信褒奖机制和违法失信行为惩戒机制的缺失等问题。在这样的社会氛围中,民众对法律和法治的信仰、信赖和信心也严重不足,因而也就致使法治宣传教育的效果大打折扣。民众对于法治的评价不仅要看法律文本上的规定,还要看法律的实际运作。在强烈的法治氛围中,民众不仅关心与自身息息相关的法律知识,基于社会责任感的公共意识将被唤醒,民众也会为了公共利益或是他人的利益了解甚至熟知那些法律知识。

---

① 中共中央关于全面深化改革若干重大问题的决定[M].北京:人民出版社,2013:49.
② 光明网评论员.法治中国:进步与梦想[EB/OL].[2013-12-11]. http://news.sohu.com/20040730/n221286954.html.

二、培养与强化法治观念

法治氛围为民众提供法律场域。在这样的场域中,权力有边界、权力受制约,权利有保障、权利可实现。民众实实在在地感受到法治本身的价值,从而有利于公民法治观念的培养和强化。"中国的现代法治不可能只是一套细密的文字法规加一套严格的司法体系,而是与亿万中国人的价值、观念、心态以及行为相联系的。"[①]法治观念乃是法治的灵魂。法治之于中国,不仅是一场制度变革与组织重构,也是一场深刻的社会法治观念变革。社会主体法治观念的培养与强化在法治氛围中通过以下方式实现。

(一) 树立法治核心价值观念

面对我国法治文化传统薄弱、公民法治观念淡薄等现实问题,在法律的宣传教育中,在法律的实际运作中,要让民众感受、领悟到法治的自由、平等、正义等重要价值精神,感受、领悟到人民主权、法律至上、权利与义务统一等法治的核心价值。法治需要全民的共同行动,在法治国家、法治政府、法治社会"三位一体"建设中推进法治文化建设,使法治文化、法治精神深入民众的心中,在全民守法,尤其是党和政府带头守法的法治氛围中,法治核心价值观念必然会记在民众心中,施在民众行中。

然而,长期以来我们对法治的忽视,特别是"文革"期间对法治的破坏和践踏,从执政者到普通民众,都被人治思维、人治观念所禁锢。改革开放以来,在党和政府的主导下,一手抓经济建设,一手抓民主法制建设,国家开始重视法制观念的培养和教育。1985年11月22日六届全国人大常委会通过的《关于在公民中基本普及法律常识的决议》,明确指出了法制宣传的含义:将法律交给广大人民,使广大人民知法、守法,树立法制观念,学会运用法律武器同一切违反宪法和法律的行为作斗争,保障公民合法的权利和利益,维护宪法和法律的实施。这对于推动全民普法工作,具有里程碑的意义。之后,我国在全国范围内开展了一场轰轰烈烈的全民法制宣传教育活动。1986年至今,30多年的法制宣传实践表明:法制宣传教育工作是一项政府主导的,适应经济、政治和社会发展需要的社会系统工程,是全社会共同参与,旨在提高公民法律素质的公益性社会事业。

2014年,党的十八届四中全会《决定》从全面推进依法治国的战略高度,

---

① 苏力.变法,法治建设及其本土资源[J].中外法学,1995(5):1-9.

深刻阐述了新时期法治宣传教育的重大理论和实践问题,对法治宣传教育提出了一系列新论断、新要求。这对于深入开展全民法治宣传教育工作具有重要的划时代意义。从过去的"法制宣传教育"到党的十八届四中全会《决定》中提出的"法治宣传教育",虽然只有一字之差,内涵却发生了深刻的变化,折射的是法治建设理念的飞跃、内涵的丰富和领域的拓展,标志着普法工作将加快从法律知识普及向法治信仰培育迈进。培育法治文化,核心要义是在全社会树立公平正义的理念,公平正义是法治的价值依归,它实现与否,以及在多大程度上实现,也是衡量法治国家建设水平的重要标尺。公平正义的实现,只有在良法善治的社会氛围中才能真正实现。公平正义观,是法治场域最重要的价值共识和价值追求。加强法治宣传教育,有利于法治观念的培育,有利于尊法、学法、守法、用法的法治氛围的营造;同时,法治氛围的形成,能够有效地促进公民法治观念的养成,从而为法治发展提供强有力的观念基础。

(二) 树立正确的权力观念

正确的法治观念,包含正确的权力和权利概念。法治的基本要义是制约权力和保障权利。对于国家权力机关及其工作人员而言,首先要牢固树立权力民授的理念。我国宪法规定,中华人民共和国的一切权力属于人民。权力民授观是对权力神授观和权力君授观的否定,是权力来源的科学阐释。要坚决摈弃权大于法、官高于民的错误理念,牢固树立权为民所授,权为民所用的新理念,以实现和保障人民的利益为己任,不得利用手中的权力为自己和亲友谋求私利。其次要树立职权法定理念。职权法定,是指行政机关及其工作人员的行政权力必须有法律的明确授权,不能自行设定。做到"法无明文规定不可为、法定职责必须为"。违反职权法定原则的,就要承担一定的法律责任。最后要树立权力制约理念。建立一整套对执政党行使权力进行监督和制约的体系,是依法治国、从严治党的前提条件。必须依靠宪法和法律,把权力真正关进制度的笼子里,对权力进行有效的监督和制约。[1]

正确的权力观与法治氛围有着相当紧密的联系。在法治氛围浓郁的条件下,法治信息公开透明,暗箱操作大幅减少,权力运行规范文明,形成实事求是、求真务实、为民服务的法治风气,提升政府的形象和公信力。这不但有利于公务人员树立正确的权力观,而且有利于民众对权力的来源、掌握权力的目的、行使权力的方式、为谁掌权、为谁服务等问题有正确的认识和

---

[1] 龚廷泰.重铸中国人的法治精神[N].中国纪检监察报,2014-10-24(5).

态度。

"有权力的民众使用权力一直到遇有界限的地方才休止。"①没有良好的法治氛围,权力特别容易任性。因而,法治氛围对于公务人员树立正确的权力观还表现在社会监督力量的加强。我国法律规定,公民有监督一切国家机关及其工作人员的公务活动的权利。它主要包括5项内容,即批评权、建议权、申诉权、控告权、检举权。这些权利具有监督国家权力的性质。法律应该"是个人与国家权力(乃至一切公权力)之间的平衡,并在这种平衡的动态性维护中既对公权力的恣意予以扼制,又对来自个人权利的滥用倾向加以限制"②。在良好法治氛围的影响下,我国公民的社会监督将表现为一种最具活力的监督。这是保证权力廉洁、预防腐败的重要外在力量。

(三) 树立宪法和法律至上观念

宪法和法律是广大人民意志的体现,坚持宪法和法律至上就是坚持人民利益高于一切。宪法和法律"由手段上升而为目的,变成一种非人格的至高主宰。它不仅支配着每一个人,而且统治着整个社会,把全部的社会生活都纳入到一个非人格化的框架中去"③。宪法和法律至上就是宪法和法律凌驾于一切规范之上、凌驾于一切权力之上。具体包括:首先,一切国家机关、社会团体、企事业单位和公民个人都必须严格地依法办事,做到守法主体的广泛性。如果失去了普遍的守法主体,法律也将失去其应有的公平与尊严。其次,宪法和法律至上是指宪法和法律具有最高的尊严性和权威性,法律不应以领导人的变动而变动,因领导人意志的转变而转变,应该保障法的连续性和稳定性。最后,任何机关、团体、单位、个人都要守法、依法办事,不能有超越法律的特权。"法律至上必然意味着政府应在法律之下,意味着政府应对法律负责,意味着权力必然受法律的限制与控制,即法律应当成为权力的控制器。"④

形成宪法和法律至上观念,首先要使民众对宪法和法律树立权威意识、抱有信任。法治氛围对于宪法和法律观念至上的形成,既体现在语言的说教上,又表现在行为的感召上;既体现在一般的倡导上,又表现在具体的示范上。法治氛围的感召力与示范性在很大程度上取决于国家机关及其工作人员对法律自身的尊重、服从与遵守。"宪法拥有权威的关键不在于公民是

---

① 孟德斯鸠.论法的精神[M].孙立坚,等译.西安:陕西人民出版社,2001:154.
② 贺卫方.司法的理念与制度[M].北京:中国政法大学出版社,1998:3.
③ 梁治平.法辨[M].贵阳:贵州人民出版社,1992:84.
④ 夏锦文,蔡道通.论中国法治化的观念基础[J].中国法学,1997(5):43-51.

否服从它,恰恰在于政府是否服从它。"①对一般社会民众而言,法律至上不仅取决于法律规定了什么,政府号召了什么,更取决于法律在政府那里被怎样尊重、服从和严格执行。政府守法程度从一定意义上关系着法律至上观念培育的成败。"政治权力总是服从于法律要求,除非统治者一手遮天,竟能够控制所有现行的法律制度。"②在浓郁的法治氛围中,政府与公务人员的行为在内在心理因素和外在监督的双重作用下更符合法治的要求,"只有法律被严格遵守,才有法律实现的可能"③,而政府与公务人员的守法的行为增加了民众对法律的信心。

第二节 凝聚法治共识

所谓法治共识,具有双重含义:一是主体间在平等基础上的一种"相互承认",即"每个人都承认和尊重他人的意志、权利和价值"④。二是民众对法治认识的最大公约数。按照罗尔斯的观点,是民众对法治认知的"重叠共识"。法治共识需要一定客观基础和主观条件,其中法治氛围是法治共识形成的重要社会基础和认知前提。社会的多元化与复杂化是法治共识难以形成的最主要障碍。改革开放以来,我国社会主义市场经济快速发展,社会结构发生深刻变革,各种不同社会阶层和利益主体纷纷出现。在不同主体的价值评价中,由于价值标准、价值评价方法的差异,不同主体之间的价值偏好、价值需求也会不同,这就加剧了法治共识凝聚的难度。法治氛围发挥凝聚法治共识的机理是,以利益关系的公正协调凝聚法治共识,以法治情感交流与法治心理调适凝聚法治共识,以核心价值观的倡导践行凝聚法治共识,以及以政府与民众的理性沟通来凝聚法治共识。

---

① 刘军宁.市场逻辑与国家观念[M].北京:生活·读书·新知三联书店,1995:190.
② 伯尔曼.法律与宗教[M].梁治平,译.北京:中国政法大学出版社.2003:55.
③ 范进学."法律信仰":一个被过度误解的神话——重读伯尔曼《法律与宗教》[J].政法论坛,2012(2):161-172.
④ 韩立新.从"人伦的悲剧"到"精神的诞生":黑格尔耶拿《精神哲学》草稿中从个人到社会的演进逻辑[J].哲学动态,2013(11):5-14.

一、以利益关系的公正协调凝聚法治共识

马克思说过,"民众为之奋斗的一切,都同他们的利益有关"①。我们追求法治的目的,就在于主体对合法利益的法律保护以及对非法利益打击和处罚的合理期待与实现。而这种对利益保护的合理期待与实现,在一定的法治氛围和法律架构内能够更好地实现。现阶段,中国正面临日趋加重的社会矛盾与利益冲突,因而凝聚社会法治共识就应该从缓和社会矛盾与冲突入手。当今人民群众遇到的问题,主要有物价高、房价高、看病难、就业难、教育不公、分配不公及官员贪腐等问题。从总体上看,绝大多数社会矛盾归根到底乃是一种利益矛盾。只有解决好这些问题,执政党才能得到人民群众的支持和拥护;也只有解决好这些问题,法治共识才能日益凝聚起来。因为民众通过法治的引领、规范和保障作用,切身感受到法治对自身合法权益的保护和对侵权行为的处罚,就能实实在在地在法治氛围中感受到法治带来的利益获得感。在当下,要特别关注和重视通过法治和改革来协调平衡各种利益关系,着力解决分配、教育、公共服务等领域的不公平问题。这些问题涉及民众的切身利益,越来越引起社会的关注,有的还成为导致社会不稳定的矛盾焦点。

二、以法治情感交流与法治心理调适凝聚法治共识

在法治氛围中的商谈、对话、沟通、讲解等方式,在特定的法治文化氛围中,使许多淤积的埋怨、深藏的疑虑、交往的不快乃至矛盾的冲突得到开释沟通。伯尔曼曾言:"法院的审判应当帮助人精神净化,……法律不应只图方便;它应当致力于培养所有有关人员——当事人、旁观者和民众的法律情感。"②法治情感的养成是弘扬法律精神的心理基础。法治氛围对于民众的情感感染,能产生渗透功效。氛围感染的渗透功效,是鲜活而生动的,给人以寓教于乐的欣然接纳,避免了许多刻板说教带来的漠然或拒绝。

良好的法治氛围可以引发社会主体不断从法治情感和法治心理调适自我,把自己的利益和国家、社会、他人的利益相协调。既守护自身利益也考

---

① 马克思,恩格斯.马克思恩格斯全集:第1卷[M].北京:人民出版社,1995:187.
② 伯尔曼.法律与宗教[M].梁治平,译.北京:生活·读书·新知三联书店,1991:59.

虑国家、社会、他人的利益,在增加自身的权利意识的同时,也知晓自身所肩负的法治责任感和使命感。法治氛围有着凝聚法治共识的作用,能产生激励功效,让民众尽心竭力的实现法治目标愿景。气氛是弥漫在空间中的能够影响行为过程和结果的心理因素和心理感受的总和,法治氛围是弥漫在法治现场空间中的能够影响法治进程和结果的心理因素和心理感受的总和。良好的法治氛围让民众在彼此的交互行动中相互交流对于法治的感想和评价,在法治情感的互动与调适中逐渐形成法治共识,形成共同的法治价值观、价值体系乃至法治精神。

法治氛围可以缓解民众面对社会不确定因素的焦虑或恐慌,通过理性的自我调适,或在从众心理的影响下完成法治共识的凝聚。社会个体对不确定因素所产生的烦躁不安甚至恐惧的心理状态在法治氛围中有所减轻。"法官的态度温和,纠纷解决氛围就会友好亲切,就更能使当事人感觉到诉讼程序的'温暖而富有人性',当然也就有助于纠纷的顺利化解。"[①]心态环境,是主体对一定时间内发生的群体事件、矛盾和问题所形成的认知、情绪、情感、态度以及价值判断和价值取向等因素或条件的总和。它对民众的心理和行为产生直接影响。理性人在法治氛围中可以迅速平静,找到解决问题的法治出路。

法治心理是一种受理性的法治文化支配所产生的心理,它包括法治情感、法治信仰和法治的心理欲求,它是民众心理的一种高水平的认知状态。它对法治的影响是深刻的,内在于心的。因此,在一个国家的法治现实生活中,民众所具有的法治心理作为一种精神因素,无论从内容、形式还是作用范围来看,都比法治思想具有更深刻的影响力,其内容更为丰富,形式表现更为多样,作用范围也更广泛。因而,在社会现实的法律实践中,无论是作为社会的人还是个体的人,其法治心理的形成过程和作用都是非常复杂和丰富的。尤其是作为社会人,民众一旦置身于现实的社会环境中,置身于现实的法治生活和法治环境中,必然会受到各种各样法律信息的刺激和诱导,最终会形成个人所特有的法治心理。法治氛围在法治社会生活中是各种法律信息刺激和诱导的来源,影响民众的法治心理。法治心理的形成过程也并不是一个完全自发的自然过程,它必然会受到主体所处的社会中业已存在的法治思想的影响,这些思想弥漫在法治氛围的时空中,在潜移默化中完成对他人的影响。从这个角度来看,一个社会的法治思想一旦形成,并占据

---

① 邓和军.论民事诉讼程序保障的价值目标[J].河北法学,2012(7):67-74.

主流地位,它就会在社会生活中迅速的传播和发展,并对民众的社会生活尤其是法治生活发生潜移默化的影响,最终形成民众的法治心理。

人的从众心理也会影响民众的选择。所谓从众,是指民众自觉不自觉地以某种集团规范或多数人意见为准则,做出社会判断、改变态度的现象。个体并无主见,多数人怎么看、怎么说、怎么做,他就跟着看、跟着说、跟着做,在服从心理指使下随大流而行。在法治氛围中多数确立的法治观念会使缺乏独立性、缺乏个性的人产生很大的盲目性。从众心理使他们对法治群体中的其他群体成员有着强烈的归属感、认同感,他们受群体的影响很大。法治氛围中群体的爱好或憎恶、见解或选择也将极大地影响到他人的价值观和行为准则。法治氛围中的多数人通过利用他人的从众心理完成了法治共识的凝聚。

三、以核心价值观的倡导践行凝聚法治共识

当前,我国思想文化领域价值观念的多元化与多层性,使凝聚共识十分艰难。对此,我们必须坚持以马克思主义为指导的意识形态指导社会向心力的凝聚。凝聚共识不是否定分歧,也不是苛求一律,而是在多元思想文化的多元差异中求同存异,求同化异,在价值目标和价值选择过程中寻找"最大公约数"。凝聚法治共识的内容,包含了社会各阶层的政治认同、思想认同和价值观认同,其中最重要的就是要用社会主义核心价值观来凝聚法治共识。法治本身就是社会主义核心价值观的重要内容。因此,要用核心价值观凝聚法治共识,就应当在法治价值一元化的引领下,在全社会凝聚追求自由、平等、公正、法治的价值共识。

一是自由、平等、公正、法治的价值共识,与一定的社会环境和法治氛围有着密切的关联性。"随着每一次社会制度的巨大历史变革,民众的观点和观念也会发生变革。"[1]法治氛围能够形成一种法治社会和法治文化的"可塑力"。社会对法治价值观的共识度也是衡量一种社会法治发展的重要价值驱动力。马克思指出:"历史上的活动和思想都是'群众'的思想和活动。"[2]社会主义核心价值观的践行,是民众社会生活实践在价值观层面的要求和反映,也是民众在实践中建立人与现实世界的价值联系。法治氛围中,社会

---

[1] 吴向东.重构现代性:当代社会主义价值观研究[M].北京:北京师范大学出版社,2006:59.
[2] 马克思,恩格斯.马克思恩格斯全集:第2卷[M].北京:人民出版社,1995:103.

发展的价值目标与该时代大多数人的利益密切地联系在一起,利益与认同是互相联系的。社会主义核心价值观是中国特色社会主义思想体系的内核和行动指南,是国家政治制度安排的灵魂和社会核心价值体系的逻辑起点。它既体现了历史性、时代性,又体现了具体性和继承性,是一个不断生成的过程和概念。

二是在公平正义问题上凝聚价值共识。公平正义是人类社会具有永恒价值的基本概念和基本行为准则。要保持中国特色社会主义政治发展道路健康有序运行,实现社会又好又快发展,必须凝聚核心价值观。一个国家的核心价值观的生成,是在科学揭示、正确把握社会的发展规律和正确认识价值观的内在生成规律的基础上,依赖国家意识形态的灌输、引导和强化,通过长期的积累和推进,逐步内化到人们的思想深处和意识深处,最终形成人们的自觉价值取向和价值追求。

四、以政府与民众的理性沟通凝聚法治共识

法治氛围,是政府与民众建立起良性互动关系的社会氛围,法治共识是一种理性共识。"理性一直被视作法治的精义,法律的一个重要使命就是通过体认理性与实践理性来维护和拓展人的自由空间。"[①]中国的法治发展,有一个重要的前提是政府和民众搭建起畅通的沟通平台。"主体之间可以在和平的氛围中通过对规则的理性遵守解决矛盾和冲突,以寻求共识。"[②]政府与民众在法治氛围中的理性沟通是一种对话式的理性沟通,一种反复辩证的理性沟通,是一种协商妥协的理性沟通,是一种地位平等的理性沟通,是一种程序正当的理性沟通,是一种依法办事的理性沟通。理性沟通促进理性选择,法治氛围下的理性沟通有利于激励民众作出更加理性的法治行为选择,有利于法治共识的凝聚。法治氛围是公平正义的舞台,创造性地运用不同的方法,既能使取得的合意充满理性,又使合意的取得更加有效。当某些问题受到严重的诘疑,沟通行动无法继续进行时,行动者能够进入理性的讨论。在讨论中,受诘疑之问题被反复地辩驳、支持,以期达成共识。

理想商谈欲达成共识和认同,其前提条件是主体之间的地位平等。商

---

① 罗豪才,宋功德.认真对待软法:公域软法的一般理论及其中国实践[J].中国法学,2006(2):3-24.
② 龚廷泰.法治文化的认同:概念、意义、机理与路径[J].法制与社会发展,2014(4):40-50.

谈的参与者必须拥有平等的机会来提出论题、论证和批判。对话的参加者机会平等，言谈自由，没有特权，诚实，免于强制。他们机会均等地参与意见形成，拥有意志形成过程的那些基本权利。沟通理性结构中保留了目的理性，但是，主体作为参与者，在不同目的行为中可达到相互理解，懂得理性沟通必须做到参与者的地位平等，否则双方难以心平气和地对话。"对话决不能消灭分歧。对话只能考虑我们能够采用非暴力的形式来对待分歧和冲突。"①拥有达成共识的态度比共识的形成对于现代社会的整合来说更具基础性作用。形成法治的共识效应，还要处理好"法"与"人"的关系，法治共识的形成，尤其是社会中绝大多数人共识的形成既是艰难的，同时也是值得研究和探寻的。毛泽东同志曾说："正确的东西总是在同错误的东西作斗争的过程中发展起来的。真的、善的、美的东西总是在同假的、恶的、丑的东西相比较而存在，相斗争而发展的。"②

总之，法治氛围越是平等、公正，参与者受到的牵制力量越少，真正的普遍利益就越有可能被所有受到影响的人接受，从而更容易达成各种层次的共识。毫无疑问，法治共识对我们而言是社会秩序整合的"精神基座"。法治共识既有利于凝聚人心、汇集力量，也有利于减少内耗、增强合力，还有利于加强合作，共同发展。法治氛围为法治共识的凝聚提供了利益平衡的平台，提供了情感交流与心理调适的场所，提供了核心价值观的学习空间。离开法治共识，社会秩序的稳定与和谐就会受到影响。哈贝马斯曾指出："在复杂社会中，最稀缺的资源既不是市场经济的生产效率，也不是公共行政的导控能力。需要精心维护的首先是已经枯竭的自然资源和正在解体的社会团结。在今天，社会团结的力量只能以交往的自决实践的形式而得到再生产。"③在法治氛围中，因为法治共识的凝聚，民众逐渐拥有了团结的力量与智慧。

第三节　引领主体行为

良好的法治氛围提供一种示范动力，是一个能够通过法治引导、规范人

---

① 郭官义.现实与对话伦理学:哈贝马斯答郭官义问[J].哲学译丛,1994(2):35-36.
② 毛泽东.毛泽东文集:第7卷[M].北京:人民出版社,1999:230.
③ 哈贝马斯.在事实与规范之间[M].童世骏,译.北京:生活·读书·新知三联出版社,2003:548.

的行为的法律场域,因而它可以对社会主体的行为产生引领功能。具体说来,这些功能包括主体行为的示范、引导、评价、规范这四大功能。

一、示范主体行为

在法治氛围中,有关法治的事件或人物被报道出来让民众知道,这些人物作出榜样或典范,民众得到了可供参照的模型。而民众在观察模型行为的过程中,会强化自身的观念和行为。民众观察并思考着关键法治行为,这种示范减少了民众对于自身今后相同法治行为的顾虑与恐惧,提供给他们的示范信息,有正确的、也有错误的,让他们可以模仿正确的行为或拒绝错误的行为以及改进自己的行为。民众也可以通过观察与听说他人的行为及行为的后果而直接或间接地学习,班杜拉称这种学习为观察学习。榜样行为受到表彰而产生的激励作用会增加民众模仿的概率。

(一)示范的主体

美国比较法学者格伦顿说:"当著名的社会学家马克斯·韦伯将其注意力转向世界法系的研究时,他看到每一法系的形成都曾决定性地受一批特定的领头人物的影响。他把这些人称为'法律名流'。伊斯兰、犹太和印度世俗社会的宗教法系,则是由神学家们形成的。英国的普通法都是法官们的作品,布莱克斯通称这些法官为法律的'活的宣传者'。另外,如同我们了解的欧洲大陆法律通过优秀法学家的成果也获得了独有的特征。"①韦伯的观点给我们如下的启示:在考察具体的法制模式及法文化的结构时,我们决不应忽视对影响该模式产生的某一类具有共同价值准则和特殊文化涵养的人的研究。中国古代固然不具有专门的职业法学家及西方法学意义上的"法律名流"。但与此相映成趣的是,在10世纪末到13世纪中期,中华古老帝国的土地上,却有着一个既饱读四书五经、俨然儒雅,又熟谙律令、工于吏事的知识阶层(或群体),史称之为"士大夫"。他们是社会规范的宣传者,具有"法律名流"和领导干部的示范属性。"榜样的力量是无穷的,广大党员、干部必须带头学习和弘扬社会主义核心价值观,用自己的模范行为和高尚人格感召群众、带动群众。"②在法治氛围中,"法律名流"或者领导干部的行

---

① 格伦顿,戈登,奥萨魁.比较法律传统[M].米健,贺卫方,高鸿钧,译.北京:中国政法大学出版社,1993:55.
② 习近平.使社会主义核心价值观的影响像空气一样无所不在[EB/OL].[2014-02-25]. http://news.xinhuanet.com/politics/2014-02/25/c_119499523.html.

为对社会主体的示范作用是巨大的。

普通人的示范作用也不容小觑,因为他们的示范更具有亲和力和说服力。模仿者与被模仿者的能力、地位更有相似性,模仿行为更容易发生。从心理学的角度来看,社会学习理论的示范作用体现在,人可以通过对社会生活中的模型行为进行观察和模仿,学会新的行为。这一过程包括四个阶段:① 注意阶段。集中注意,准确地感知对方的行为。② 保持阶段。记住要模仿的行为。③ 行动阶段。行动的再现过程,学习者表现出观察对象的特征性行为。④ 强化(巩固)阶段。又称为动机建立的过程。增加或减少这种行为的再次发生次数。影响示范作用的因素包括:① 被模仿者的特征。如相似性、能力、地位等。被模仿人与观察者相似,则观察学习其行为的可能性大;模型的知名度高,模仿的可能性也越大。② 观察者的特征,如依赖性、从属性、安全性等。观察者依赖性强、缺乏安全感等更倾向于模仿他人的行为,模仿学习也更易于发生。③ 观察者的参与程度。这与引导参与或是被动的观察有关。引导模仿更有利于行为的发生。法治氛围中,普通人的示范作用更贴近民众的生活,有直接的示范作用。

(二) 示范的方式

在法治氛围中的示范方式并不单一,大致有着几种类型:

(1) 行为示范。通过榜样的行为(动作)传递行为方法的方式,就是行为示范。行为示范无论是对动作和技能的习得,还是对行为方式和习惯的形成,都具有不可忽视的作用。

(2) 言语示范。依靠言语传递行为模式的方式,就是言语示范。言语的说明或描述,也是示范的一种。当然,言语示范对语言的学习来说,更具有独特的意义。

(3) 象征示范。广播、电视、电影、小说等通过象征性媒介物呈示榜样的方式,叫作象征示范。象征示范和实际示范相比,有许多优点。例如,同一事项可以反复呈示,一次可以使许多人进行观察;对某一部分,可以放大,也可以在时间上停顿,特别加以强调。显然,这种示范的充分利用,对提高教育手段的质量、增强教育内容的感染力以及扩大教育效果的范围等方面,都是具有一定的价值。

(4) 抽象示范。通过榜样的各种行为事例,传递隐藏在行为事例背后的原理或规则的方式,叫作抽象示范。榜样遵照一定的规则或原理来完成各种各样的反应,向观察者呈示出来。然后,观察者就按照榜样的行为倾向和形态上类似的方法,做出反应。但是,这时观察者所做的反应,不能和榜样所呈现的特定的示范反应一样,他必须把所学到的东西应用于新的、未知的情境当中。在抽象示范的情况下,观察者从各种各样的示范反应中抽取出共同的特征,形成能做出具有同样结构特征行为的规则。

(5) 参照示范。为了传授抽象的概念和操作,而附加呈现具体参考事物和活动的方式,叫作参照示范。在学习难懂的概念时,特别需要这种方式。它可以说是从属于抽象示范的。

(6) 参与性示范。这是一种观察和执行相结合以提高指导效果的方式。即先观察榜样,立即按照榜样的示范实际尝试操作,然后再进行观察,接着又进行实际尝试操作。这种方式可以将示范的优点和直接经验的优点结合起来。

(7) 创造示范。创造示范意味着,新的模式通过示范过程可以产生。观察者在观察各种榜样的过程中,很少有只追随一个榜样的行为就形成自己的模式,也不采取某一榜样的所有属性。观察者是组合各个榜样的种种方面,构成一个和谁都不同的独自的新组合体。例如,在同一个家庭里成长的孩子们,从家族当中提取不同的榜样属性,而构成他们各自不同的性格特征。这样,通过连续的示范形成新的行为模式,这是在示范的多样性土壤里培养成的。

(8) 延迟示范。观察榜样后,经过一段时间,以前观察的事项再现时也能起到示范作用,这就是延迟示范。例如,在儿童时代反复看到父亲醉酒时的行为表现,长大成人后,可能再现类似的行为表现。这多半是依据这种延迟示范而产生的。

从示范的表现领域来看,法治氛围对于民众的示范是他人的尊法、学法、守法、用法行为。"人虽然经常置身于大量的示范的影响之下,但是从中深入观察什么,能够吸取什么,是被注意过程决定的。民众深入注意观察什么榜样,忽视什么榜样,大部分是由各种榜样的示范行为的功能性价值决定的。对榜样的注意的程度,会受榜样人物是否具有魅力这一因素的影响。示范行为的性质,如特征的明晰性和复杂性,也会部分地决定观察学习的速度和水平。此外,像电视这种宣传工具,由于提供了丰富的象征性示范,具有极大的吸引民众注意的力量。它既扩大了榜样的范围,又打破了时空的限制。大部分的日常学习,民众首先是依靠示范掌握新的行为的概貌,然后进行实际尝试,进而把目标放在某些部分来观察榜样,根据来自其行为的信息反馈,继续进行自我修正的调整,进行精心练习,最后才能达到同示范一致的正确的反应。"①

民众对先进典型的模仿表现在两个方面:一是对榜样思想精神的模仿,二是对榜样具体行为的模仿。仿效榜样的先进行为,即在心灵受到震撼与洗礼后产生向榜样学习的行动,使自己的行为与榜样的行为趋于一致。示范事物本身良好的发展能不能推广到其他同类事物上,很大程度取决于示范事物是否具有典型性,即与其他同类事物的差异化程度。差异性越小,就越容易学习模仿,总结的经验也更可靠,项目模式也就越容易得到推广普及。相反,导致示范作用难以发挥,示范意愿落空。

班杜拉认为:"面对示范的各种影响,注意过程决定着哪些是应该观察的以及哪些特征是要提取出来的。"②"电视中出现的榜样十分引人注目,以至看电视的人几乎把看到的都学下来而又不需要特别要求这样做的诱因。"③法治氛围为民众提供了公平正义的模仿背景,给予民众正面榜样的刺激。俗话说"近朱者赤,近墨者黑",示范者可以潜移默化地改造模仿者的思想观念,指导模仿者遵纪守法,做个合法的公民。有益的经验,也为民主法治建设提供示范。示范产生影响需要一定的传播载体,法治氛围为各类主体的法治行为提供了庞大的传播载体。

二、引导主体行为

法治氛围对于民众的引导体现在通过行动和思想的先进性带领人民走出困境,需要"依靠法律来引导社会和谐地发展"④。和驾驭不同,引导的双方不是驾驭和被驾驭的关系。引导者处于主动地位,被引导者就处于被动位置。引导体现了带领、领路,带着人向某个目标行动,通过用某种手段或方法去带动某个事物的发展。法治引导的结果是法治思想和法律行为的转变。

(一) 引导种类

在法治氛围中对主体行为的引导包括两种:第一,舆论引导。俗话说,三人成虎。舆论,尤其是当下的网络舆论对于民众的思想和行为有着显著的引导效果。法治氛围中的舆论引导更倾向于事实报道,不会为了迎合大

---

① 戚立夫.教师了解学生的效果[J].外国中小学教育,1984(3):25-26.
②③ 阿伯特·班杜拉.社会学习心理学[M].郭占基,等,译.长春:吉林教育出版社,1988:22;24.
④ 张文显.构建社会主义和谐社会的法律机制[J].中国法学,2006(1):7-20.

众的口味、读者的兴趣刻意追求轰动效果而侵犯他人的隐私、名誉及其他权利,法治氛围中谣言倒逼真相的情形将逐渐减少。法治氛围中的舆论引导在实事求是的基础上保障了公民的知情权、表达权、参与权、监督权。舆论引导要坚守法律底线,遵纪守法,以社会公共利益为重,理性引导,积极传播正能量,才能在舆论引导中收获民心。第二,政府引导。我国是政府推进型法治模式,该模式引导民众养成自觉守法的习惯,把管理变为引导。"政府要创造条件,开辟和疏通通过各种渠道反映他们的利益需求,并引导各种利益主体在以理性、合法方式表达利益诉求的基础上解决利益矛盾和冲突,各利益群体之间也应该有协商和必要的妥协。"[①]

(二) 引导机制

法治行为的引导机制是通过影响民众引导性行为的因素及其中的内在过程,管理与调整在复杂环境下变得越来越重要的法治行为。引导性行为是一种有意识的、目标导向并受激励产生的行为。

1. 个体特征方面

首先,引导性人格提供民众的引导性行为的"我想"倾向性基础。引导性人格是个体采取引导行为影响周围环境的一种稳定的倾向。具有高引导性人格的个体有一种相对稳定的行为倾向要去发起变革。他们较少受环境的约束,常常识别并引导有利机会,努力改变环境,直到带来预期的改变。但是作为一种倾向性特征,引导性人格仅提供了民众投入引导性行为的可能性。

其次,自我效能感是民众的引导性行为的"我能"信心基础。一般自我效能感是个体对自己应付不同环境的挑战或任务时的自信心,因为引导性行为在引发变革过程中可能涉及风险,如受到他人的抵制、失败等。而高自我效能感的个体更可能断定自己的行为将会成功,所以更愿意承担风险并投入引导性行为之中。同时,高自我效能感会产生一种控制感,使得个体更能长久地坚持,也会选择更困难的目标,而这些对于引导性行为是非常重要的。

最后,信任氛围是民众的引导性行为产生的助推器。如果社会具有良好的法治氛围,民众将更愿意承担引导性行为可能带来的法治风险。当民众感觉到周围对自己法律行为的认同,他们将从中增加对自己能力的信心。心理安全感低或者人际关系较差的个体会觉得投入引导性行为具有高度的

---

① 胡平仁.和谐社会的法治导引[J].中南林业科技大学学报,2009(1):68-76.

风险。良好的法治氛围可以鼓励个人产生更多的引导性行为。

2. 内部认知——情感因素

首先,角色定位是民众的引导性行为产生"我应该"的认知基础。角色定位引导个体的行为,因为个体更喜欢表现出那些与他们的自我概念相符合的行为。个体采取引导性行为的一个可能性就是,他们认为这种行为对于完成自己的责任、目标或者愿望很重要。当界定自己的角色较宽泛,感受到对于更广泛的目标有着更高的个人责任感,并通过自己的引导性行为帮助实现了这些目标的时候,他们会有成就感。灵活的角色定位是个体投入引导性行为的一个内部认知动力。

其次,控制评价是民众的引导性行为产生"我可以"的认知基础。控制评价指个体预期他们能够控制环境,特别是能够影响工作结果的程度。控制评价较高的个体将有着更强的责任感。他们不轻易放弃,努力寻求行动机会,引导寻求相关支持信息,也就有更高的成功希望。高度的控制评价导致更多的个人引导行为。在法治氛围中,当个体相信他们能够在一定程度上控制环境和自己,他们将会被激发去采取引导性行为,维护自身权益。

再次,成本-收益分析是民众的引导性行为产生"我值得"的认知基础。投入引导性行为可能要包括一个深思熟虑的过程,在这个过程中,个体要评价这些引导性行为的可能成本与收益。其中的成本指投入引导性行为可能带来的负面结果,如失败的可能性、机会成本损失等。其中的收益有可能是外在物质的,也可能是内在心理的。法治氛围将给民众的法律行为提供直接的参考和借鉴,对于引导性行为将是一个直接影响因素。

最后,情感体验是民众引导性行为产生"我自愿"的情感基础。积极情感激发接近行动倾向,促进个体建立更有挑战性的目标,帮助个体投入引导问题解决之中。积极情感促进引导承担责任行为,引导个体投入更多的负责行为之中,如努力完成需要做的不感兴趣的任务。积极情感还能影响个体更多地关注行为的积极结果,产生更好的结果预期和高的自我效能感,从而愿意承担引导性行为的可能风险。

3. 引导性行为的综合驱动

民众引导性行为表现具有个体和环境差异性。一方面,个体特征与组织环境背景可能直接影响民众的引导性行为表现。另一方面,个体特征和组织环境主要通过个体内部的认知——情感状态间接影响引导性行为。班杜拉指出,行为、个体和环境是"你中有我。我中有你"的,不能把某一个因素放在比其他因素更重要的位置,尽管在有些情境中,某一个因素可能起支配作用。他把这种观点称为"交互决定论"。他认为,人的行为不仅要受外在因素的影响,也通过自我生成的内在因素的调节。自我调节由自我观察、自我判断和自我反应三个过程组成,经过上述三个过程,个体完成内在因素对行为的调节。① 在法治氛围中,行为、个体和环境更能体现法治的特征。在法治氛围中,更有利于构建法治社会关系。

三、评价主体行为

法治氛围是一种融合了社会绝大多数成员法治认同的群体氛围。这个群体既包含个人,也"囊括了社会中的每个组织和机构,从家庭到国家"②。对于社会生活中的法治行为和现象以及实施者,法治氛围中的其他个体、组织或机构可以就该行为或现象做出评价。这些评价总结起来可能有多元和分歧的观点,也可能获得大多数人的一致赞同或声讨。在法治的领域里做出评价的群体就是法治氛围对于他人言行的评价主体。法治氛围中的群体以言语的褒贬、眼神的赞善或轻蔑,以及行为的支持或反对,对实施法律行为的人的言行以明示或者默示的方式作出评价。一旦法治氛围群体中某个个体或少数人做出了失范行为,法治氛围中群体将会依据法律规范给予否定性的评价。反之,群体将会给予个体或少数人积极的具有内在激励的评价。比如,对于有人侵占和损害他人或公共利益与财产的行为,绝大多数的群体成员都会持否定性评价,并以谴责甚至阻止的方式来体现并维护社会正义。

(一) 法治氛围中对主体行为评价的特点

法治氛围中的行为评价以法律规范的内容与价值为标准,这些标准具有稳定性、统一性和普遍性。但依旧呈现以下特点:

(1) 评价内容的差异性与多样性。法治氛围中的评价主体是一个十分庞大的群体,在这个群体中,民众对于同一个问题的评价不可能完全一致,站在不同的角度可以得出不同的结论。因此,对于同一行为或事件评价内容具有差异性和多样性也就不足为奇了。

(2) 评价内容的个体性与普遍性。黑格尔指出:"一切事物都是个体的,

---

① 阿伯特·班杜拉.社会学习心理学[M].郭占基,等译.长春:吉林教育出版社,1988:27.
② 哈斯·曼德,穆罕默德·阿斯夫.善治:以民众为中心的治理[M].国际行动援助中国办公室,编译.北京:知识产权出版社,2007:14.

而个体事物又是具有普遍性或内在本性于其自身的;或者说是,个体化的普遍性。在这种个体化的普遍性中,普遍性与个体性是区别开了的,但同时又是同一的。"①黑格尔的话已经深刻揭示了个体性与普遍性的关系,民众在法治氛围中对于主体行为的评价内容蕴含了个体性与普遍性的特征。

(3) 评价标准的时代性。民众的观念最终都是实践中民众需求的反映,并且随着人类需要的变化而变化的。评价标准是历史实践和以往生活实践的产物,是从一定的评价活动与评价经验中逐渐产生的。在不同的时代,民众对于同一事物的评价可能不同。② 法治氛围的表现也是由低到高的逐渐发展过程,民众对于法治的情感并不是一开始就达到浓烈的阶段,民众对于法治的认识、民众法治观念与法律思维的养成不是一蹴而就的。因而,民众对于事物的评价标准具有时代性。

(4) 评价标准的本土性。由于地域、文化习俗的不同,在时间的累积下,人群中出现了思想意识、生活习惯等方面的地区性差异。民众对于符合当地文化教育、宗教信仰、风俗习惯的行为容易接纳,反之则难以认同。这是"知识的地方性"③即本土性的特点。

(5) 评价标准易受他人影响。马克思主义认为,"意识一开始就是社会的产物,而且只要民众存在着,他就仍然是这种产物。"④法治氛围中的群体虽然具备一定的法律常识,但是其中的大多数人的意识或观点会随着权威人士或者社会舆论的导向而发生改变。

(二) 法治氛围中对主体行为评价的指标

评价标准之一:符合社会需要。法治是社会治理的手段之一,民众对于他人行为的评价总是从社会需求的角度出发。评价标准之二:有效性。一个行为只有产生一定的法治效果,民众才会投入关注,才会产生评价的欲望与行为。评价标准之三:利益性。"社会生活中的每一个人都可以对周围事物及现象进行评价,特别是对那些与自身利益相关的东西。"⑤民众对于他人行为做出评价之时,会情不自禁地从自身利益或者公共利益的角度来分析。正如他们评价法律时的态度一样,"在社会生活中,法律能否保护社会主体

---

① 黑格尔.小逻辑[M].贺麟,译.北京:商务印书馆,1980:340.
② 例如,氟利昂起初被应用到空调制冷的时候,民众大赞它为炎热地区带来了清凉。然而随着科技的进步,民众发现氟利昂竟会削弱地球的臭氧层,导致很多不利的后果,所以对它的评价不再是从前的一致好评,也多了很多否定的声音。
③ 苏力.变法,法治建设及其本土资源[J].中外法学,1995(5):1-9.
④ 马克思,恩格斯.马克思恩格斯选集:第1卷[M].北京:人民出版社,1995:81.
⑤ 龚廷泰,何晶.司法公信力与良性司法[J].江海学刊,2009(2):133-138.

成员所具有的做出决定和行为的选择权利,并以此来实现一定的需要和利益,是评价法律本身优劣的一个指示器。"[1]评价标准之四:价值性。在法治氛围中的民众有着"社会大众对社会生活中安全、秩序、自由、公正、公共福利等法的价值的切身感受"[2]。民众对于违背社会大众价值观的人会有一种本能的抵触情绪。因而,在法治氛围中,民众评价他人行为的依据之一就是他们心中的法的价值。

在法治氛围中的行为评价,无论是评价者还是被评价者都有思考的过程,评价者希望在评价的作用下表达自己的情绪或思想,甚至实现矫正他人行为的愿望。被评价者在被肯定或者被否定的过程中,观念与行为被强化或者弱化。评价会冲击人的想法,无论是评价者还是被评价者都会从新的视角重新反思和定义原先的想法观念。评价会改善人的行为,评价的反馈要么是不在乎,要么就是逐步改善自己的行为,以期适应法治的氛围。

四、规范主体行为

法治氛围强化了民众生活、工作和交往的依据和规则,这些规则体系的具体内容时刻在提醒着民众的行为方向和尺度,一旦逾越必将承担法律的责任。同时,民众在违反了法律规范之后,将面临着其他社会群体的压力,可能迫使其修正和改变自己的认知和行为,将消极的甚至是违法的行为转变为积极的符合法律规范的认知和行为。规范是通过法律、道德和良善习俗对人的行为进行调整。

行为需要法律来规范。法律为民众的行为提供了明确的行为模式与标准,并且可以反复利用。在法律模式与标准的影响下,民众可以预测自己和他人的行为,从而指导与选择合适的行为。"人的行为是出于对某种刺激的反应,而刺激可能是机体自身产生的,如动机、需要、内驱力,也可能来自外部环境。"[3]无论何种驱动,行为的实施都需要符合法律规范,否则将会受到法律的惩罚。

法治氛围通过社会主体之间的交流,为民众的行为提供了价值规范和价值尺度,法治氛围对于行为主体的评价使民众的思想和行为按照一定的

---

[1] 夏锦文.法律效益化的价值标准研究[M]//公丕祥.法制现代化研究:第2卷.南京:南京师范大学出版社,1996:105.

[2] 张骐.法律实施的概念、评价标准及影响因素分析[J].法律科学,1999(1):3-5.

[3] 李春林,彭琛.行为与其三个重要影响因素关系的探索[J].长春工程学院学报,2003(1):12-14.

"轨道"进行,从而使社会矛盾得以缓解,社会冲突得以控制,社会在一定的秩序中存在和发展,民众的行为得以规范。

综上所述,法治氛围中对于民众法律行为的评价与规范有利于提高对法治的认同感,对于法治的认同感越明显,民众之间的关系也越紧密。反之,民众之间的关系就越松散。法治氛围对于法治文化的传播、法治共识的凝聚、法律行为的导向将从整体上有利于国家对法治经验的积累、法治道路的探索。所以,我们需要"教育民众注意改善和创造良好的环境氛围,以实现人的思想、行为与环境之间的良好的运行"[①]。

[①] 龚廷泰.论马克思主义理论教育的功能[J].南京师大学报,1991(1):51-56.

第三章　法治氛围的形成机理

法治氛围是在法治社会里,民众在践行法治的过程中,形成了普遍敬畏、认同、尊崇法律的可感知的整体社会状态和社会氛围。法治氛围的形成离不开法律治理的基础——良法,这是法治氛围形成的制度前提;离不开参与和践行法治活动的广大民众,这是法治氛围形成的必备主体;离不开权力依法运行,这是形成法治氛围的关键因素;离不开宪法法律权威,这是法治氛围形成的信仰基础。也就是说,法治氛围的形成是广大民众在良法的基础之上,在权力依法运行的引领下,参与到法治生活之中所形成的对于法律及其治理的普遍敬畏、认同、尊崇的状态和氛围。

第一节　良法:法治氛围形成的制度前提

在法治的道路上,法律制度的安排和设计有着基础作用。法律制度是民众行使权利、履行义务的直接依据。没有法律制度便没有法治,没有法治则法治氛围也无从说起。良法才能善治,良法本身体现了制度正义,"制度正义就是作为社会基本结构的主要社会制度安排被认为是符合社会正义原则,为社会成员提供了一种分配权利与义务的平等公平的机制,确定了社会合作的利益和负担的适当分配办法"[①]。良法是民众认同、尊崇法治的基本条件,良法是构成法治氛围的制度前提,法治氛围的形成,必须着力构建良善的法律制度体系。

[①] 徐显明.何谓司法公正[J].文史哲,1999(6):3-5.

一、良法的概念

先贤亚里士多德最早提出了良法之治,他认为"法治应包含两层含义:已成立的法律获得普遍的服从,而大家所服从的法律又应该是良好的法律"①。这是两千多年前法治的光荣,直至今天我们仍在探索什么样的法律才是真正良好的法律。良法是什么?在亚里士多德看来,良法是为了公共利益、体现民众所珍视的道德价值并且能够维护城邦公道至久远的规则;自然法学派学者们认为,只有自然法才是真正的法、是绝对的良法;以哈特为代表的新分析法学派认为,广义上的法律包括良法与恶法(以是否合乎道德为标准划分),在狭义上只承认良法是法。我国有学者提出,良法"从广义上讲,是指在一定的历史时期能够促进生产力发展,改善社会关系,符合正义的法律;从狭义上讲,所有符合人类理性,惩恶扬善,纠错补漏,定纷止争,高效便捷的法律,即是良法"②。何为良法就如同何为正义一样,是一个难以下定义的概念。在奥斯丁看来:"法的存在是一个问题,法的优劣则是另外一个问题。法是否存在是一个需要研究的问题,法是否符合一个假定的标准,则是另外一种需要研究的问题。"③法的存在是一个事实问题,而法的优劣是一个评价问题,法的优劣问题是一个需要符合一定标准的问题,那么良法之法,应该符合什么样的标准要求呢?

相对于"恶法"而言,二战以来,学者们对于良法的反思更加深入。比如,富勒提出了最低要求的道德性,他指出,法治是规则之治,应当具有规则的公开性、可预见性。法治需要诚信,应当具有规则的可理解性、可知性,良好的法律在逻辑上应当严密,要求承担义务的前提是你具备能力,具有规则的稳定性,法律要达到预期以及实现法律的意图与目的。富勒通过这样的方式表达了对良法标准与要求的期待。笔者认为,良好的法律应具有三重标准:第一,法的形式上的合科学性,即法律语言规范统一、法律结构严谨合理、法律体系和谐协调。第二,法的内容上的合规律性,即法律的内容要体现事物性质,反映发展规律,适应客观条件。第三,法的价值上的合目的性,即应当体现公平正义等法的价值。"从世界的复杂性和人类长远利益来考

---

① 亚里士多德.政治学[M].吴寿彭,译.北京:商务印书馆,2009:167.
② 王斐弘.论良法的恶性循环[J].甘肃政法学院学报,2003(1):28-37.
③ 奥斯丁.法理学范围[M].刘星,译.北京:中国民主法制出版社,2002:208.

虑,科学分析和人类理性应成为公共政策制定的主导。"①

二、法的形式的合科学性

"作为过程的立法是一种法的来源;作为结果的立法是一种法的形式。"②可以说,"法的形式也是多样化的,但不是多元的。一国的法的形式通常总有法律、法规和其他规范性法律文件的区分,它们的种类在各国也不尽相同"③。法的形式的合科学性是法律语言规范统一、法律结构严谨合理、法律体系和谐协调的逻辑理性。

(一) 法律语言规范统一

语言是所有规范的存在形式。法律语言是法律规范的载体,"法律自诞生之日起就是以语言为载体的。法律的基本精神是公平正义。虽然这种精神是不依赖于语言而存在的,但是却只有通过语言才能表现出来"④。法律语言从表现形式来看包括书面的和口头的法律语言。从使用过程上看包括立法、司法、执法等过程中所使用的语言。法律是社会行为的准则,对于民众的行为起到直接调整的作用。法律语言的规范和统一,是民众认识法律、遵守法律、使用法律的前提,法律语言的不规范和不统一会导致民众认识的模糊与混乱,使得权利与义务得不到明确,司法的公正无法体现,法律的作用大打折扣,这是对法律发展的严重阻碍与拖累。

法律语言规范性是法律语言在语法和语义上准确。"一个法律的语言及法律解释形式性只有当法律规范在其语法学及语义学的观点中,被翻译成一种象征性的符号语言,才有可能。"⑤在 19 世纪末 20 世纪初,英美法系法学家奥斯丁、霍兰德、萨尔蒙德、格雷以及霍菲尔德等人就已经注意到了这一点,他们批评当时法律概念、术语歧义丛生的现象,不满含混歧义的法律概念带来的混乱。我国在法律制定或者使用的过程中也存在用词不准、语法不当、语意不明的错误。对于这个问题,司法部专门统编了《法律语言教程》等教材,以期可以治愈法律语言失范的顽疾。有学者提出:"必须对权利、义务以及其他法律关系的概念进行严格的考察、区别和分类,深入和准

---

① 郎佩娟.公共政策制定中的政治权力与科学分析[J].中国人民大学学报,2002(2):88-94.
② Pound R. Jurisprudence Volume Ⅲ[M]. St. Paul: West Publishing, 1959:389.
③ 周旺生.法的渊源与法的形式界分[J].法制与社会发展,2005(4):122-133.
④ 何家弘.论法律语言的统一和规范:以证据法学为语料[J].中国人民大学学报,2009(1):72-81.
⑤ A.考夫曼.法律哲学[M].刘幸义,等译.台北:台湾五南图书出版公司,2000:121.

确地思考并以最大合理程度的准确性和明确性来表达我们的思想。"①实际上,法律语言的规范是对法律概念和法律语句在语法和语义上的确定。"法律规范以它们的形式上的确定性,即确切性、详细性和明确性而著称。"②所以,无论是法律的制定或使用亦需要语言学家的帮助。

法律语言统一性从立法上看是指具有同一内涵外延含义的概念,应严格使用同一语词。从法律解释学看,对于同一语词的解释需要统一,对于同一条文的解释需要统一,不能同时有多个版本。但是在不同时期同一词语可以允许拥有不同的含义,比如,"宪法语言构成了法律语言的母体和法律语言正统性的依据。宪法所界定的'人民'的范围,不同时期各有不同"③。此外,法律语言统一性还要求各部门法律之间统一具有交叉情形的语言。比如,关于近亲属的外延,三大诉讼法至今仍未统一,立法者的用意令人捉摸不透,给法律适用者也造成了一定的不便。

(二) 法律结构严谨合理

法律结构是由各个必备的法律要素有机构成的法律系统。"'法的结构'是一个多层次、多视角的概念,包括法律规则三要素的结构,法律内容三要素的结构,以及成文法与不成文法的形式结构等方面。这些法的结构都必须做到严谨合理。"④一般认为法律规则的三要素是法律概念、法律规则和法律原则。这三个方面需要形成逻辑严谨的整体,彼此之间不能冲突与脱节。法的内容在逻辑上的顺序和结构,合理表达立法宗旨与目的,合理安排法律概念、法律规则、法律原则之间的关系。

法律结构严谨合理,逻辑上的展开有步骤、有次序,层次分明,条理清晰,法律结构安排恰当,各个部分的布局合理。"只有采用逻辑解释的抽象方法才有可能完成特别的制度化任务,即通过逻辑手段来进行汇集和理性化,使得具有法律效力的一些规则成为内在一致的抽象法律命题。"⑤条文的逻辑安排也需要合乎逻辑,"一部精湛的法律……其条文安排必须是合乎逻辑的。有逻辑安排的条文不仅要求相邻条文内容的相关性和所有条文内容

---

① 黄文艺.法哲学解说[J].法学研究,2000(5):3-16.
② 雅维茨.法的一般理论:哲学和社会问题[M].朱景文,译.长春:辽宁人民出版社,198:100.
③ 徐亚文.公民社会与社会主义法治理念中的"人民记忆"[J].山东社会科学,2001(1):21-23,121.
④ 李步云,赵迅.什么是良法[J].法学研究,2005(6):125-135.
⑤ 马克思·韦伯.论经济与社会中的法律[M].张乃根,译.北京:中国大百科全书出版社,1998:62.

的连续性,更基本的是要求每条文内容的单一性"①。

　　法律体系的严谨还体现在当法律漏洞被发现之时,及时立、改、废,提高法律质量,加强法律的严谨性与合理性。梁慧星教授认为,法律漏洞是"现行法体系中存在影响法律功能,且违反立法意图之不完全性。"②法律漏洞使法律评价、法律的有效适用程度降低,它对法治效果具有不良的影响。法律从颁布之日起就具有滞后性,加之立法者认知能力的有限、法律概念的"模糊边缘"等原因使得法律的漏洞无法避免。然而,法律作为"技术理性"③应当尽量减少法律漏洞。不论通过何种方式填补法律漏洞,都加强了法律的严谨性与合理性。

(三) 法律体系和谐协调

　　法律体系通常是指一个国家全部现行法律规范分类组合为不同的法律部门而形成的有机联系的统一整体。"法律体系本身就是一个统一、和谐的整体"④,法律体系的理想化要求是门类齐全、结构严密、内在协调。法律体系的和谐对于社会的稳定和谐、对于法律秩序的形成有着重要影响。

　　"法律首先要做到自身内部和谐,即法律体系的统一与融洽。当然法律自身的和谐是受到法律与其他社会关系是否和谐的影响,因而还需要法律与社会的和谐。"⑤可见,法律体系的不和谐包括法律体系自身内部的不和谐以及法律体系和整个社会的不和谐。"法必须是不因内在矛盾而推翻自己的内部和谐一致的表现"。⑥ 针对以上这两个方面的问题,立法权限的划分以及对于法律规范之间冲突的解决办法,可以处理法律体系内部的的不和谐;而关于法律体系与社会的不和谐,则需要在坚持法的基本价值的前提下,调整法律的内容以适应日新月异的社会发展。

三、法的内容的合规律性

　　"只有反映客观规律的法律才是良法。"⑦法的内容的合规律性,即指符合事物性质,反映发展规律,适应客观条件。它是法律应该具有的客观性、

---

① 徐向华,黄卉.论我国规范性法律文件条标的增设[J].政治与法律,1994(4):45-47.
② 梁慧星.民法解释学[M].北京:中国政法大学出版社,1997:57.
③ 孙笑侠.法律家的技能与伦理[J].法学研究,2001(4):3-18.
④ 韦恩·莫里森.法理学[M].李桂林,等译.武汉:武汉大学出版社,2003:43.
⑤ 陈金钊.和谐社会的建设与法律方法的选择[J].山东社会科学,2007(4):5-9.
⑥ 韦恩·莫里森.法理学[M].李桂林,等译.武汉:武汉大学出版社,2003:483.
⑦ 谢晖."法律至上"论析[J].求是学刊,1999(6):3-5.

第三章　法治氛围的形成机理

时代性及现实性。马克思曾说:"立法者应当把自己看作一个自然科学家,他不是制造法律,不是在发明法律,而仅仅是在表述法律"①。立法者想要制定良法,就一定要在认识客观规律的前提下充分尊重和反映客观规律,进而制定法律。法的内容由社会物质生活条件所决定,法的变革要随着客观事物发展的变化而变化,法的性质受一定国家国情所制约。

首先,法的内容由社会物质生活条件所决定。孟德斯鸠认为:"从广义上来讲,法是由事物的性质产生出来的必然关系,一切事物都有其法。不同的事物的性质必然产生不同的关系及其相应的法。"②经济基础决定上层建筑,法律作为社会关系的调整方式,作用于社会的政治、经济、文化等各个领域。法律必定反映社会的政治、经济、文化等特定内容,必定要受到道德、宗教等各方面的影响。虽然法律所调整的社会各个领域十分繁杂,但"尽可能地表达、反映并记载对象的规定性,乃是法律的基本使命之一。"③法欲维护其所保护的社会关系,必先真实地反映这些社会关系的本来面貌。比如法律对于人的权利能力、行为能力以及责任能力的规定,就应当尊重人的生理与心理发育和成长的自然规律,以及人的生存与发展的社会规律。当前人类与自然界的关系十分严峻,在立法上要重视其内容的合规律性。

其次,法的变革要随着客观事物发展的变化而变化。社会在不断地变化发展,良法在内容上应当满足事物发展规律的需求,符合社会的改革、发展与变化。"良法之'真'是指法律必须反映与符合客观事物的真实状态及现实条件。"④比如当计划经济被市场经济取代时,市场经济的竞争规律、价值规律在国家的经济立法、民事立法以及行政立法上具有重要的指导价值。同样,从政治权力的运行方式来看,在专制社会,"是故一代之中,十数世有二三贤君,其余非暴即暗,非暗即辟,非辟即儒。"⑤权力拥有者实现权力大多粗暴简单,而到了民主社会,"民主意味着在形式上承认公民一律平等,承认大家都有决定国家制度和管理国家的平等权利。"⑥权力的行使需要注重文明公正。法律在其创制之初就具有滞后性的特点,并且随着时间推移而日益严重,所以作为良法需要不断地调整,以符合事物发展的规律。立法者要

---

① 马克思,恩格斯.马克思恩格斯全集:第40卷[M].北京:人民出版社,1995:72.
② 孟德斯鸠.论法的精神[M].孙立坚,等译.西安:陕西人民出版社,2001:5.
③ 谢晖.论法律效力[J].江苏社会科学,2003(5):97-104.
④ 李步云,赵迅.什么是良法[J].法学研究,2005(6):125-135.
⑤ 左言东.中国政治制度史[M].杭州:浙江古籍出版社,1986:241-242.
⑥ 列宁.列宁选集:第3卷[M].北京:人民出版社,1995:201.

把握社会发展规律,制定良法以促进、保障社会正常秩序。

最后,法的性质受一定国家国情所制约。一国的法律受到该国社会现实、历史、文化、传统、风俗、社会心理等多方面的影响。总的来说,法的内容需要根据一国的具体国情、社会客观条件来制定。孟德斯鸠认为,"为某一国人民而制定的法律,应该是非常适合于该国人民的,所以如果一个国家的法律竟能适合于另外一个国家的话,那是非常凑巧的事。"① 所以,法律精神可以是世界的,但法律制度是民族的。

四、法的价值的合目的性

"'目的'是人类活动所追求的预期后果,是人的理性和能动性的表现,它引导着民众的行为,是行动的指南和导向。"② 博登海默认为,"任何值得被称为法律制度的制度,必须关注某些基本价值,如秩序、正义、公平、效率、安全等,……一种完全无视或忽视上述基本价值的一个价值或多个价值的社会秩序,不能被认为是一种真正的法律秩序"③。这也是庞德赞同的"法学家必须从目的论视角出发研究法律"④。

法律作为调整民众行为的规则,其中的每一条都具有其目的性。"这种合目的性突出地表现为立法者的价值取向。立法者在制定法律的过程中将其在特定时期的价值需求(包括对什么表示肯定、保护和赞许,对什么表示否定、限制和蔑视等)体现在一定的法律文件中。法律文件的被贯彻和落实的过程,也就是立法者价值取向展开的过程,同时也是法律发生效力的过程。"⑤ 法律的制定、修改、解释等法的活动都必须体现法的价值、符合法的目的,霍布斯曾说,"解释则必须服从最终的目的"⑥。"蚂蚁与自然环境达成的平衡是不可逃避的,改变其存在的规则以及相互间的行为规则是不可能的。然而人类却并非如此,人的心态在漫长岁月中经历了巨大的发展变化。"⑦

法的价值的合目的性体现为目的理性与价值理性,法的有效而正当。法有效实施,体现公正、促进社会进步。有效强调的是法律在经验意义上

---

① 孟德斯鸠.论法的精神[M].孙立坚,等译.西安:陕西人民出版社,2001:312.
② 伍劲松.论行政执法解释的具体原则[J].当代法学,2010(4):32-39.
③ 博登海默.法理学:法律哲学与法律方法[M].邓正来,译.北京:中国政法大学出版社,2004:2.
④ 罗斯科·庞德.法理学[M].邓正来,译.北京:中国政法大学出版社,2004:364.
⑤ 杨春福.论法律效力[J].法律科学,1997(1):19-23,48.
⑥ 托马斯·霍布斯.利维坦[M].黎思复,黎延弼,译.北京:商务印书馆,1985:224.
⑦ 谢晖.论法律效力[J].江苏社会科学,2003(5):97-104.

的行之有效,具有实际效用,具有可操作性。而正当强调的是立法应当是对平等、正义与公平等价值理念的追求,所以法律要给人以温暖,不该冷漠,它应当有爱,应当懂得社会主体任何的"不满",以及对于法律"渴望"的深情。

  法律要能行而有效,给人以信心与力量,首先需要追寻人类最基本的价值取向。比如平等、公平、正义的价值追求。恩格斯指出,"一切人,作为人来说,都有某些共同点,在这些共同点所及的范围内,他们是平等的"①。卢梭认为任何人都要服从法律,所有的人在人格上一律平等。"因为,不管一个国家的政体如何,如果在它管辖范围内有一个人可以不遵守法律,所有其他的人就必然会受这个人的任意支配。"②作为一部良法,如果想要得到有效实施,让社会主体自愿自觉地遵守,就需要做到在符合多数人利益需求的同时也要照顾考虑到少数人的利益,在利益、意愿等各方面做到均衡,"一切人,或至少是一个国家的一切公民,或一个社会的一切成员,都应当有平等的政治地位和社会地位"③。霍布斯认为,"正义是某种事物的'平等'观念"④。正义的作用在于"社会正义则是评价效益的基本尺度,是提高效益的价值目标"⑤。

  比如,《刑事诉讼法》在非法证据排除规则上前进了一大步,但仍存在价值上的问题。在56条中规定:"采用刑讯逼供等非法方法收集的犯罪嫌疑人、被告人供述和采用暴力、威胁等非法方法收集的证人证言、被害人陈述,应当予以排除。收集物证、书证不符合法定程序,可能严重影响司法公正的,应当予以补正或者作出合理解释;不能补正或者作出合理解释的,对该证据应当予以排除。"证据的搜查与获取最重要的就是程序,公权力正当地行使。不冤枉一个好人,也不放过一个坏人。所以第56条是有条件、有限制的非法证据排除规则,这可能造成这样的后果:刑讯逼供获得的证据不能做证据使用,但基于刑讯逼供得到的线索而获取的物证是可以采用的。非法证据排除规则就是想根除几千年来的刑讯逼供,而之前的规定没有严格禁止通过刑讯逼供获得线索,这种制度设计不能达到目的。"毒树之果"规则是严格意义上的非法证据排除规则,但有例外即是对权利与权力的平衡。所以,"罪犯的逃之夭夭与政府的非法行为相比罪孽要小得多,由此造成的

---

① ③ 马克思,恩格斯.马克思恩格斯选集:第3卷[M].北京:人民出版社,1995:444.
② 卢梭.论人类不平等的起源和基础[M].李常山,译.北京:商务印书馆,1996:51.
④ 霍布斯.利维坦[M].黎思复,译.北京:商务印书馆,1985:117.
⑤ 公丕祥.论当代中国法制的价值基础[J].法制与社会发展,1995(2):1-13.

错放犯罪是司法制度必须付出的代价"①。在米兰达判决里,法官清晰地表达了我们追求法律的理性,逻辑的理论、实践的理性、特别是追求价值的理性的时候需要考量不同价值之间的平衡,所以刑诉法面临保护人权与打击犯罪的价值考量。

情与理的价值考量。一部法律仅有正义与价值的关怀是不够的,它还得考量这样的正义如何得到实现,除了法律设计上要便于实施外,还需要满足人类最基本的情感人伦。以"亲亲相隐"为例,这一制度指的是亲属之间有罪应该要互相隐瞒,不作证和不告发的不论罪,反之则要论罪。这一规定符合人类基本的情感人伦,即对自己爱的人、关心的人,尤其是自己的父母、子女血亲,即便他们有法律上的过失,也不忍兴师问罪、苛责追究,因而有包庇维护的恻隐之心,这样才是正常的。在中国古代,亲亲相隐是在春秋战国时期儒家提出的主张。到了三国、两晋、南北朝时期,该原则得到进一步确认。"亲亲相隐"制度历行千年,以内在合"情"合"理"的品质使其成为良法。而在当前法治社会的价值追求中,却要求民众不论罪责大小,不论亲疏关系,都要检举揭发,否则可能构成包庇罪,这是不符合人类的基本情感人伦的。总的来说,法的价值上的合目的性不仅要阐释法的内在的公平正义精神,还需要考虑"常情"和"常理"的问题。

法治氛围是社会主体关于法律及其治理的社会氛围,对于法律是什么,法律的价值是什么,只能通过法律的制度规定或者生活中的"活法"得以了解。良法构成了法治氛围的制度前提,其中,法的形式合科学性是保证现代法律与法律文化有效性的必要手段和必需条件;法的内容合规律性可以防止法律与社会现实规律的背离与脱节,在法律实施中降低自然规律与社会规律的强烈抗拒;法的价值上的合目的性是法律正当而有效的内在需求,也是法得以实现的内在说服力。良法的形式、内容及价值蕴含了理性与公正,可以"消除因愚昧的热情和庸俗的偏见所引起的恶果"②,从而形成、改变、重塑、强化民众的法治观念。良法要在形式上科学、内容上符合规律,目的上有价值理性。只有这样,才能构成良好的法律,才能形成良好的法治氛围。

---

① 艾伦·德肖维茨.最好的辩护[M].唐交东,译.北京:法律出版社,1996:5.
② 林蔚文.法治思维与政治智慧刍议[J].中共中央党校学报,2015(5):66-70.

第二节　宪法法律权威：法治氛围形成的信仰基础

法治氛围表现为民众对于法律发自内心的接受或尊崇，是民众普遍敬畏、认同、尊崇法治的社会气氛和状态。宪法法律权威的树立使民众感受到宪法和法律的至上地位，没有任何特权可以超越，有利于增强民众对于法治的信任感。这些为法治氛围的形成提供了信仰基础。民众对于法律的服从和支持不仅需要法律制裁的威慑，还需要民众内心对对法律品质的信赖和尊崇。"法律的效力是以它所引起的爱戴和尊重为转移的。"①真正的法律权威只能来自民众自觉自愿的认同和推崇。只有当法律的权威得到真正的体现，法律信仰才会逐渐深入人心，法治理念才能根植于民众的灵魂深处，才能增强全社会学法、尊法、守法、用法的意识，才能使民众逐渐形成敬畏、认同、尊崇法治的情感与意志，进而形成一种相对稳固的法治氛围。

亚里士多德曾经说过："给法律赋予权威就是仅仅给上帝和理性赋予权威；而给人赋予权威就等于引进一头野兽，因为欲望是具有某种兽性的东西，即使是最优秀的人物，一旦大权在握总倾向于被欲望的激情所腐蚀。"②亚里士多德的这段精彩的论断说明法律权威的重要性和个人权威的危害性。因为靠个人权力专断不可能树立法律的权威，它必然使民众形成对其他权力形式的关注，并依靠其他权力来解决问题，这会危及到其他权力的安全，最终必然危及公民的私权利。"在我们私人生活中，我们是自由和宽恕的，但是在公家的事务中，我们遵守法律，这是因为这种精神深使我们心服。"③

在西方历史上，法律的权威源远流长，西方的法律始于希伯来文化，在这种文化中，法律与宗教是不可分割的。法律意味着秩序，而宗教则意味着信仰，法律因为宗教获得了神圣性，宗教因为法律具有了社会性。法律与宗教同时具有权威性及普遍性。在传统中国的法律语境中，从政治场域上看，

---

①　罗伯斯庇尔.革命法制和审判.关于死刑[M]//西方法律思想史资料选编.北京：北京大学出版社,1983:341.
②　程燎原,王人博.赢得神圣：权利及其救济通论[M].济南：山东人民出版社,1998:56.
③　修昔底德.伯罗奔尼撒战争史[M].徐松岩,译.北京：商务印书馆,1982:53.

法律从来都是政治的配角；从思想观念上看，道德法律化，法律道德化。"这种将道德外在化、强制化的做法限制乃至取消了道德所立足的自由前提，它的一个附带的结果便是普遍之虚伪的产生。与此相应，社会既然习惯以法律来执行道德，它对于道德的强调必定只注重表面的东西而流于形式。"①最终，法律的权威性被消解了，并以其具有的惩罚功能而成功异化为"人治"意义上的权威。皇权高于一切，立法、司法的随意性之大，使得恣意践踏法律权威变得正常。"法律被看作政治权力的工具，而不是防止滥用权力的保障。"②新中国成立以来，我们经历了 1957 年反右派斗争的扩大化、1959 年党内"反右倾机会主义"的斗争以及 1966 年至 1976 年十年的"文化大革命"，这些历史的教训是在有宪法、有法律的制度前提下发生的，原因之一就是宪法和法律没有应有的权威，这在今天的法治中国是一个值得深思且应坚决避免的问题。

有学者认为，"法律权威，是法津的内在说服力和外在强制力得到普遍的支持和服从"③。笔者认为此观点只说明了宪法和法律权威之"威"的方面。宪法和法律权威首先体现在宪法和法律之"权"上，即拥有权力并且在权力的高低配置上，宪法法律要具有至上性；其次体现在宪法和法律之"威"上，即宪法和法律的威望，一方面是宪法和法律的公信力，另一反面是法律的强制力。所以，宪法和法律权威是指在宪法和法律至上的基础上形成的由强制力保障的法律公信力。在现代法治发展的过程中，国人正逐步摒弃人治，崇尚法治；摒弃个人权威，树立法律权威。但是政府权威的过于强大削弱了法律权威，个人权威亵渎了法律的神圣，中国传统伦理道德权威降低了法律威信，以及个别民众或单位破坏了法律权威。我国目前正处于社会转型时期，民众的价值观念在社会生活的诸多领域都在发生着深刻的变化，这一社会现实既是形成宪法和法律权威的挑战，又是形成宪法和法律权威的机遇。树立宪法和法律权威是时代的需求，必须注意以下几个问题。

---

① 梁治平.寻求自然秩序中的和谐[M].北京：中国政法大学出版社，2002：285.
② Elster J，Slagstaded R. Constitutionalism and Democracy[M]. London：Cambridge University Press，1993：229.
③ 谢鹏程.论当代中国的法律权威：对新中国法治进程的反思和探索[J].中国法学，1995(6)：3-13.

一、形成完备的法律制度

"权威是民众与适用于他们的正确理由的媒介,所以,权威判断并宣布了民众依据正确理由应该做什么。"[①]树立宪法和法律权威在制度的设计上要做到法律至上、法制完备。也就是说,确保宪法和法律的至上性从制度设计上来说,首先要确权,确立宪法和法律的权威高于其他权威。其次,要制定完善健全的法律体系,使得法律能够有效解决社会矛盾与纠纷。

(一)任何组织或者个人都不得有超越宪法和法律的特权

"在专制政府中,国王便是法律,同样,在自由国家中,法律便应该成为国王。"[②]法律至上是法治社会的一个基本原则,是指法律在社会调整中居于至高无上的地位,即一个社会在对各种规范进行选择的时候,法律应当成为最高的规范,法律拥有比各种权力更高的地位。法律至上意味着法律是社会官方机构行使权力的依据。因而,法律至上不是表明人与法律的关系概念,而是揭示法与其他规范、法与权力之间关系的范畴。法律权威揭示的是人与法律之间关系的范畴,是法律基于内在品行而对主体产生的影响力和主体对影响力的反应。法律具有权威是法律至上的前提,法律至上是法律权威的最充分显示。只有在法治社会中,二者才是统一的。而在非法治社会中,法律有一定权威,但没有至上性。

"克服特权现象,要解决思想问题,也要解决制度问题。"[③]在依法治国的今天,法治作为治国理政的最重要的方式,无疑确立了宪法和法律的权力。在制度设计上要保障宪法和法律的至上地位,任何组织和个人都不能越宪违法而使用权力。换言之,任何组织和个人的权威都要在宪法和法律权威之下。国家的权力来源于人民,属于全体人民,法律是全体人民智慧的结晶,代表全体人民的共同意志,任何组织或者个人在法律面前都不能妄自尊大。"法律应该在任何方面得到尊重而保持无上的权威。"[④]我国宪法确立了宪法和法律至高无上的地位。

宪法和法律权威具有至上性具体包括:首先,一切国家机关、社会团体、

---

① Raz. Ethics in the Public Domain: Essays in the Morality of Law and Politics[M]. Oxford: Clarendon Press,1994:214.
② 托马斯·潘恩.常识[M].余瑾,译.台北:中华书局,2013:54.
③ 邓小平.邓小平文选:第2卷[M].北京:人民出版社,1994:322.
④ 亚里士多德.政治学[M].吴寿彭,译.北京:商务印书馆,2009:192.

企事业单位和公民个人都必须严格地依法办事,即要做到守法主体的广泛性。如果失去了普遍的守法主体,法律也将失去其应有的公平与尊严。其次,法律权威指的是一切政党和国家机关的一切活动都必须在宪法和法律的范围内活动,国家政治权力必须在宪法和法律的框架内运行,不允许任何组织和个人违背国家宪法和法律的规定而任性妄为。再次,法律权威是指宪法和法律具有最高的尊严性和权威性,法律不应以领导人的变动而变动,因领导人意志的转变而转变,应该保障法的连续性和稳定性。最后,法治权威还体现在任何团体和个人都不得享有超越于宪法和法律之外的特权,没有人能凌驾于宪法和法律之上。西塞罗说:"我们都是法律的奴隶,正因为如此,我们才是自由的。"①

法律的权威性主要表现为宪法的权威性。宪法至上是法律权威的基本要求,法律的合宪性原则包括,任何法律都必须符合宪法的规定,不得与宪法相抵触,"权威是民众与适用于他们的正确理由的媒介,所以,权威判断并宣布了民众依据正确理由应该做什么"②。其他非法律权威的运用建立在法律权威的控制之中。"宪法就是一张写着人民权利的纸"③,是人民制定宪法创造新的国家,并非国家创制了宪法,因而"唯有国民拥有制宪权"④。法律可以为各种权力设置边界,规定各种权力行使的方式和范围,最终保证社会秩序的有序和稳定。

(二) 法制完备

有法可依乃是树立法律权威的前提,也是法律具有可操作性的前提,只有拥有了完备的法制,才可以使社会生活的各个领域都得到制度上的规定,使得社会行为可以标准化。我们曾在一个相当长的时期里存在法律虚无主义倾向,"以政策代法律","领导说的话就是法"这样的观念和做法曾盛行一时。因此,尽管"法律完备"这一条是实行依法治国的最起码的要求,却具有现实性和针对性。⑤ 不完备的法律制度致使执法困难重重。法制完备具有以下表征:法律规范体系完备、法律内容和谐一致、法律状态稳定连续。

---

① 彼得·斯坦,约翰·香德.西方社会的法律价值[M].王献平,译.北京:中国人民公安大学出版社,1990:174.
② Raz. Ethics in the Public Domain: Essays in the Morality of Law and Politics[M]. Oxford: Clarendon Press, 1994:214.
③ 列宁.列宁全集:第9卷[M].北京:人民出版社,1985:448.
④ 西耶士.论特权第三等级是什么[M].冯棠,译.北京:商务印书馆,1991:56.
⑤ 李步云.实施依法治国战略论纲[J].学习与探索,1993(3):66-72.

1. 法律规范体系完备

法律规范体系完备是进行法律推理的前提,法律规范体系完备首先要求有完整的法律体系。一国的法律应以宪法为核心,各个部门法合理分工、相互配合,使社会生活的各个方面均有法可依,使各种社会关系都能得到有效的调整,避免法律漏洞、法律空白和法律间的矛盾冲突。"把形成完备的法律规范体系,作为建设中国特色社会主义法治体系的重要任务。"[①]法律体系需要跟随时代与实践变化发展而不断变化发展。因此,要进一步加强与改进立法工作,继续完善中国特色社会主义法律体系,使民众可以运用法律来处理各种关系、表达诉求、规范言行,维护自己的合法权益。

2. 法律内容和谐一致

在构建完整法律体系的同时,还应当注意同一法律的条文之间、不同的部门法之间、法律与其他法规之间、法律规范与宪法之间在内容上的配套协调,避免相互矛盾和冲突,在法律规则的内容上做到和谐一致。由于"社会生活在很大程度上制约着法律世界,法律内容的不确定性迅速扩张,法律原则较之法律规范所起的作用日益明显"[②]。因此,各法律原则在各个部门法中也要按照不同的要求排序,以便法律原则之间的和谐一致。

3. 法律状态稳定连续

法律是经法定程序肯定下来的国家意志,故它一经制定,一方面,法律应保持相对稳定的状态。法律不能朝令夕改,否则会严重影响民众对法律的依赖感和信任感。另一方面,法律应保持连续的状态。在调整社会关系时,应当注意法律的连续性,亦注意法律制定与修改过程中的法的精神的统一连贯。

二、构建有效的法律实施体系

法律权威是通过法律的有效实施而形成的。主体对法律的心理上和行为上信服和遵从,是实然意义上的法律效力,即法律实效,所以法律权威是衡量法律是否具有实际效力的一个标志。法律没有实效或实效性较差,法律权威性就会受到挑战。法律的生命在于实施,即使内容和形式再完美无缺的法律,其所追求的目标和价值都是抽象的、理想的,只有在现实生活中

[①] 中共中央关于全面推进依法治国若干重大问题的决定[M].北京:人民出版社,2014:4.
[②] 公丕祥.法制现代化的分析工具[J].中国法学,2002(5):26-48.

得到贯彻实施,才能真正发挥其作用,体现其效益和价值。法律如果不能得到有效施行,那就等于一纸空文,民众对法律就会产生不信任感,甚至蔑视,依法治国也就成了画饼充饥。在某种意义上,"有法不依"较之"无法可依"对法律权威更具杀伤力和破坏力。法律有效实施要求执法上依法办事,加强对公权力的制约;司法上依法办案,保障司法公正;守法上全民守法,尤其是党和国家机关及其工作人员带头守法。

(一)严格执法,加强对公权力的制约

执法活动乃是将现有法律规范的基本要求落实到民众的实际行为,落实到民众享受权利和履行义务的事实关系上。可以说,严格执法是全面推进法治建设的关键环节。严格执法要求执法机构在执行法律的过程中,严厉、严格、不放松、不走样。具体体现在以下两个方面:首先要求执法人员必须秉公执法,严格按照法律的规定与程序办案,切实做到以事实为依据,以法律为准绳;其次要求执法人员务必尽职尽责,对发生的违法行为依法纠正并予以处罚,即执法必严、违法必究。

法律权威实现的最大威胁来自权力的侵犯,"一切有权力的人都容易滥用权力,这是万古不易的一条经验"①。因此,如何防范政治权力的侵扰就成为实现法律权威面临的重要问题。近代以来,西方国家更是从制度上设计权力分立制衡,通过法律使权力制约获得了制度上的保障。在现代社会中,如何设计一种制度保证权力在一定范围内(法律规定的范围内)行使是非常重要的,也是法律权威得以生成的关键所在。"要防止滥用权力,就必须以权力约束权力。"②正如习近平总书记所指,必须"把权力关进制度的笼子里"。

法律权威的树立并不能只依靠执法者自身或民众的尊重,还应该通过法律来规范公权力行使者的行为。规范公权力,即有效约束和监督公权力的行使。要规范公职人员的行为,建立相互制约的国家权力监督体系。公职人员的任命应当民主、公开,选贤任能,尤其要把法治素养和法治能力作为选任干部的重要标准;其次,完善公职人员的财产申报制度,加强廉政制度建设,把反腐倡廉纳入制度化、法治化的轨道。政府行为是否规范,公权力是否受到有效地监督和制约,直接影响到法律的作用能否充分发挥,法律的权威能否得到维护。

---

①② 孟德斯鸠.论法的精神[M].孙立坚,等译.西安:陕西人民出版社,2001:154.

(二) 公正司法,守护最后防线

司法是守护社会公平正义的最后一道防线,公正是司法的灵魂,司法公正即司法人员廉洁奉公,不徇私情。孙中山曾言:"官吏,则不过为国民公仆。"①司法人员必须忠诚、为民、公正、廉洁。人民法官作为公平正义的维护者,不仅要具有良好的法律素养,更需要有高尚的职业情操、道德情操。廉不言贫,淡泊名利,克己制欲。司法人员只有守得住清贫、抵得住诱惑,才能实现自己的人生价值和梦想,感受到法律尊严与职业尊荣。公正司法是对司法人员的基本要求,是法官职业道德的本质所在,是全面推进依法治国的重要保障。

如果我们的审判不公正,甚至存在人情交易、钱权交易,社会氛围中对于法治的评价就会降低,法治就会失去人民群众的信任和支持。所以,司法公正廉洁对提升司法公信力,对推进人民法院事业发展至关重要。维护宪法和法律的权威与尊严是每一位司法人员应尽的责任。只有公正廉洁地裁判每件案件,人民群众才能信任法律,才能增强全社会学法、尊法、守法、用法的意识,自觉做到有法必依,一切按照法律规定办事。每一位司法人员都需要忠实履行宪法和法律赋予的职责,坚持司法为民、公正司法、严格司法;每一位司法人员都需要当好公正廉洁的表率,自觉加强对检察权、审判权运行的制约和监督,要以零容忍的态度坚决惩治司法腐败,促进司法作风的转变。

经过不懈努力,司法呈现出良好发展的态势。但违反司法公正的违纪违法的行为依然存在,为了形成司法公正的法治氛围,司法人员首先要树立正确的权力意识。一定要清醒地认识到,司法权来自人民,要服务于人民,对人民负责,须臾不可忘记宗旨意识。如果只顾个人得失,只替自己考虑,甚至贪赃枉法,就从根本上背离了党的宗旨,背离了清正的要求。其次,保障司法权依法独立行使,维护司法权威。司法权威要求法官排除法律以外其他因素对判决的影响,坚持严格公正司法,让审理者裁判,让裁判者负责。坚决杜绝关系案、人情案、权力案对司法公正破坏的行为,"努力让广大民众在每一个司法案件中感受到公平正义"②。再次,强化监督力度。依法接受监督是审判权规范公正运行的重要保证,是解决执法不公、司法腐败的重要

---

① 习近平.把权力关进制度的笼子里.[EB/OL].[2013-01-22].http://fanfu.people.com.cn/n/2013/0122/c64371-20288751.html.

② 中共中央关于全面推进依法治国若干重大问题的决定[M].北京:人民出版社,2014:3.

（三）全民守法，尤其是党和国家机关及公务人员带头守法

全民守法是法治力量深入人心的表现，是全面推进依法治国的基础。民众的守法精神与守法习惯是解决法律如何有效实施问题的重要因素。全民守法是一项长期而又艰巨的任务，它要求任何组织和个人务必在宪法和法律的范围内活动，尤其是国家的领导干部必须模范地遵守宪法和法律。"实现社会和谐，无疑是现代法治所追求的重要价值目标之一。只有人人遵纪守法，才能形成良好的社会秩序和社会环境，社会生活才能够和谐安定。"①全民守法的目标是守法成为全民的共同追求与自觉行动。为此我们需要"坚持把全民普法和守法作为依法治国的长期基础性工作，深入开展法治宣传教育"②。

中共十六届四中全会提出，"坚持依法治国，领导立法，带头守法，保证执法，不断推进国家经济、政治、文化、社会生活的法制化、规范化。"③习近平同志强调"全面依法治国，必须抓住领导干部这个'关键少数'"④。官本位的思想在我国依然存在，"一人得道，鸡犬升天"，民众对于领导干部既羡慕又排斥。只有领导干部带头守法、尊法，广大民众才会从内心信任法律。"只有这样才能引导和带动全社会不断增强学法遵法守法用法意识，努力营造全面推进依法治国、加快建设法治中国的深厚法治氛围。"⑤

十八届四中全会把"严格执法、公正司法、全民守法"⑥写入全面推进依法治国总目标之中。要使社会形成人人守法、护法、敬法的法治氛围，我们就应该严格执法、公正司法、全民守法。对违法行为坚决的追究，让每一个以身试法者付出相应的代价。法律有效实施，成为社会生活不可缺少的一部分，民众才会对法律产生由衷的信任，才会依赖法治，才会形成浓郁的法治氛围。正如伯尔曼所言，"真正能阻止犯罪的乃是守法的传统，这种传统又植根于一种深切而热烈的信念之中，那就是，法律不仅是世俗政策的工具，而且还是生活终极目的和意义的一部分"⑦。

---

① 公丕祥.中国特色社会主义法治道路的时代进程[J].中国法学,2015(5):29-52.
② 中共中央关于全面推进依法治国若干重大问题的决定[M].北京:人民出版社,2014:26.
③ 十六大以来重要文献选编(中)[M].北京:中央文献出版社,2006:281.
④ 习近平关于全面依法治国论述摘编[M].北京:中央文献出版社,2015:118.
⑤ 公丕祥.中国特色社会主义法治道路的时代进程[J].中国法学,2015(5):29-52.
⑥ 中共中央关于全面推进依法治国若干重大问题的决定[M].北京:人民出版社,2014:4.
⑦ 伯尔曼.法律与宗教[M].梁治平,译.北京:生活·读书·新知三联书店,1991:43.

三、形成尊崇法治的社会风气

以公法文化为主导的中国,并没有形成法律应有的权威。"千百年来,国家都是压迫人民和掠夺人民的机关,它留给我们的遗产是群众对国家的一切极端仇视和不信任。克服这一点,是个非常困难的任务。"[1]因为法律在那样的时代里是国家或个人的附庸。然而,现代法治国家不仅要建立"规则",还要让公民信任、尊崇法律,培养社会主体守法、信法的观念与习惯,形成"一个崇尚法治的社会"[2],营造崇尚法治的社会氛围。

社会尊崇法治表现为社会形成了尊敬、崇尚法治的风气。社会尊崇法治是社会尊敬、崇尚法治的民众心理。"民众的法治心理就是作为社会主体的民众,在一定的社会经济条件、社会条件和文化传统下,根据自身的法律生活实践和具体感受而形成的对法律以及法治等概念的最直观的、最浅层的认知,以及在此认知基础上而形成的对法治的较为稳定和深层次的情感、情绪体验等主观的心理活动和具体反映。"[3]社会尊崇法治正是民众对法律规则的欣然遵守和愉悦感受,体现了法治社会应当具有的法治心理。"法律只有被社会上的人民大众愉悦地认可并欣然遵守才是实际意义上的法律。"[4]民众所具有的法治心理是法治文化结构层次中较为深层的,同时也是较为稳定的内涵之一,也是法治文化特征最主要的特征之一。因此它是一个国家实现法治的前提条件,是形成法治氛围的社会心理基础。

法治氛围"是一个社会崇尚法治、敬畏法律、普遍守法的社会状态"[5]。崇尚法治是建设社会主义民主(法治)国家的精神基础。崇尚法治具有强大的社会凝聚力和社会整合功能。在崇尚法治观念影响下,可以在法制的框架内,有效整合各种社会资源,使社会成员既充分享有权利、行使权利、维护权利,又切实履行义务、承担责任,做到权利义务相统一,实现和谐相处、共同发展。崇尚法治一旦成为全民族的共识,任何法律矛盾与纠纷都能在法制的框架内解决。"如果一个社会崇尚法治,那么法律语言会成为广受推崇

---

[1] 列宁.列宁全集:第34卷[M].北京:人民出版社,1985:165.
[2] 公丕祥.中国特色社会主义法治道路的运动机理[J].金陵法律评论,2015(1):3-23.
[3] 云书海,秦娟.法治文化的内涵解析[J].河北青年管理干部学院学报,2012(6):74-77.
[4] 约翰·麦·赞恩.法律的故事[M].刘昕,等译.南京:江苏人民出版社,1998:245.
[5] 龚廷泰.论中国特色社会主义法治理论发展的法治实践动力系统[J].法制与社会发展,2015(5):5-16.

的语言。"①通过社会尊崇法治形成法治氛围的条件有：

(1) 体现公正、保护公意。法在价值上体现公平正义，这是法应当具有的内在品质，保障大多数人的利益，体现民众的共同意志，这是民众尊崇法律的内在驱动力和法治氛围形成的最根本原因。公民对法律的遵从靠公民对法律公正的信赖，以及对自身利益的追求，而不仅是基于对法律制裁的恐惧。卢梭认为法律是公意的行为，而公意实际上就是人民的共同意志，它着眼于公共利益而不是私人利益和集团利益，所以它永远都是公正的、正确的。卢梭认为，公意产生于"如果人民能够充分了解情况并进行讨论时，公民彼此之间没有任何勾结；那么从大量的小分歧中总可以产生公意，而且讨论的结果总是好的"②。实际上，卢梭自信公意存在，源于他认定人性为善，人是一个道德人，正因为如此，人的意志才有其共性。服从法律就是服从公意，服从公意就是服从自己的良心，也就是服从自己的意志。可见，建立符合公意的法律运行机制，是体现公平正义和实现公意的最好途径。

(2) 通过法治宣传教育培育人的法律素养。这是法治氛围形成的重要条件，人的现代化是法律权威树立的主体基础。列宁认为，要树立法律的权威，"只有法律是不够的。必须有大量的教育工作、组织工作和文化工作，这不能用法律迅速办到，这需要进行长期的巨大的努力"③。要加强全民普法教育，让民众了解法律，了解法律可以保护自己，了解法律的理性正义，让法律不再是沉睡的法律而是被民众运用的能为民众谋利益的"活着"的法律。让法律走近民众的心田，走进民众的生活，使守法、护法成为习惯。民众对法律的信任不是靠几句口号或宣传就能形成的，真正能形成信任的是实实在在的行为。榜样的力量是无穷的，任何单调的宣传与教化，都比不上政府及其机构自身守法、尊法的表率作用来得干脆、直接。法治国家要求"每一个政府的基础或中心就是它的基本法律"④。总之，对于法律的尊崇既是法律内在品性的显现，也是一个主客体之间相互作用的过程。

"法律权威主义，就是国家的一切活动都在法治的轨道上运行，任何人都受法律的约束。"⑤宪法和法律权威的树立不仅需要体现在法律文本规定上，还需要体现在法律与社会生活的互动中。只有这样，法律权威的树立和

---

① 孙笑侠,应永宏.论法官与政治家思维的区别[J].法学,2001(9):3-10.
② 卢梭.社会契约论[M].何兆武,译.北京:商务印书馆,2003:140.
③ 列宁.列宁全集:第36卷[M].北京:人民出版社,1985:150.
④ 张文显.二十世纪西方法哲学思潮研究[M].北京:法律出版社,1996:609.
⑤ 张晋藩.依法治国话权威[J].理论导报,2015(1):39.

法治氛围的形成才有可能成为现实。在制度上规定法律至上,才能排除一切干扰,在法治的框架内思考、解决问题;在制度运行上,法律的有效实施体现了法律的公信力、法律的内在说服力,并且强化了民众对法治的尊重与崇尚。宪法和法律权威对于民众法治观念与法治行为的影响深远,"正如心理研究现在已经证明的那样,确保遵从规则的因素如信任、公正,可靠性和归属感,远较强制力更为重要"①。这些感受对民众产生潜移默化的影响,形成或改变了民众的法治心理、思想、态度甚至行为,为法治氛围的形成提供了深厚的信仰基础。

第三节 权力依法运行:法治氛围形成的关键因素

法治氛围由法治社会中的主体营造出来,法治氛围是社会主体作出法律行为后产生的社会效果的累积。权力依法运行是法治氛围形成的关键因素,一是因为依法运行的权力是合法的权力,民众会认同权力、信任权力、尊崇法治。"一切政治组织或国家机关的权力,只有按照法律设定的轨道运行,才能成为合法的权力。"②二是因为权力行使者依法运行权力对于法治氛围的形成起到示范引领作用。他们通过行为的示范和思想的引领,带动整个社会法治氛围的兴起。权力如何依法运行?权力是特定主体将其意志施加于人的,并要求得到服从的一种压力,它是一种强大的武器。武器本身没有任何过错,运用这个武器的人是如何正确规范地使用它才是关键。一方面,正确规范使用权力的前提是权力的科学分配和相互制约。"多元制衡关系框架下的权力运作与权利实现都要服从既定的规则。"③另一方面,权力的规范运作事关整个国家、全体人民的福祉,因而需要依法用权。"坚持用制度管权管事管人,让人民监督权力,让权力在阳光下运行,是把权力关进制度笼子里的根本之策。"④权力运行应当制度化、法治化,这也是法治氛围形

---

① 哈罗德·伯尔曼.法律与宗教[M].梁治平,译.北京:生活·读书·新知三联书店,1991:43.
② 公丕祥.法的价值与社会主体的权利观念:兼议社会主义民主制度的法律化[J].中国法学,1988(1):9-16.
③ 马长山.国家、市民社会与法治[M].北京:商务印书馆,2002:45.
④ 中共中央关于全面深化改革若干重大问题的决定[M].北京:人民出版社,2013:35.

成的关键之策。

一、权责有界

从宏观上看,权力源于公民的授权,权力太大,恣意妄为会导致公民权利受损,权力太小,处处受限也会影响公民社会生活。西塞罗指出,"如果某项事情超出官员的权限,应由人民推举人选进行处理,并赋予他处理的权力"①。因而,保障权力能够依法有效运行,对于国家权力与公民权利之间的界限十分重要。当然,我国的国情是公权力过大,需要限制。从微观上看,权力运行的依据来源于法律对权力的分配,从横向的立法、司法、行政的权力分工制衡体现了权力、责任之间的横向界限,从纵向的上下级之间对于权力的级别分配则体现了权力、责任之间的纵向界限。针对宏观和微观上的问题需要做到:

(一) 合理设定权力、列出权力清单

权力来源于公民的授权,为了维护社会公益、公民权利以及市场秩序,政府可以拥有必要的有限权力,同时必须接受公民监督。"有权力的民众使用权力,一直到遇到有界限的地方才会休止。"②因为掌权者会面临滥用权力的诱惑,因而权力要有边界,权力必须受到严格的规制和约束,否则必将导致权力腐败。行政权力不能过大,过大将要吞噬个人自由的空间,同样,行政权力也不能过小,过小则不能保障社会秩序,保护公民个人的权利、自由,维持市场的正常运转。权力的合理设定需要围绕"为所有公民提供生存、稳定以及经济的和社会的福利"③。国家权力与公民自由的界限是动态变化的,找到国家权力与公民自由空间之间的分界点是一项复杂而又重要的工作,要把握好权力的"收"与"放"。

权责有界就是要政府列出权力清单,筑起一道限制政府权力的围墙,对于清单以外的行政行为是"法无授权即禁止"。依法治国"意味着不管权力有多大,都要受到法律的制约,不仅把权力关在制度的笼子里,还把权力关在法律的笼子里"④。权力清单设计的关键之处在于,政府需要把握好"有所为"与"有所不为"的关系。"政府权力具有公共性、手段性、自由性、一元性、

---

① 西塞罗.论共和国论法律[M].王焕生,译.北京:中国政法大学出版社,1997:255.
② 孟德斯鸠.论法的精神[M].孙立坚,等译.西安:陕西人民出版社,2001:154.
③ 迈克尔·罗斯金,等.政治科学[M].林震,等译.北京:华夏出版社,2001:39.
④ 张晋藩.依法治国话权威[J].理论导报,2015(1):39.

时效性和膨胀性等特点。"[1]依照现有的法律、法规,梳理行政权力事项,将没有明确法律依据的行政权力事项清除出去,使每一项行政权力都具有明确的合法性基础。

(二) 权责分工与边界

无论是横向还是纵向的权力配置,都需界限分明。根据分工制衡原理,对于公共权力行使,尤其是对于敏感性的重要权力的行使,应当进行适当分权或分工。"'以权力制约权力'的制度设计及其运行显然在普遍功效上远远大于一个个私权主体通过个案所获得的以权利对抗权力的胜利。"[2]这种制度设计是防止滥用权力的基础。从横向上看,立法、行政、司法各司其职、互不干预、相互配合。从纵向上看,有着上下级关系的权力部门间上级应该指导或监督,而不是干预甚至越俎代庖。依法行使权力,不能越权与失职,也不能滥用权力。

所承担的责任过小,势必会导致权力的膨胀与滥用;所承担的责任过大,则会导致权力的萎缩。发挥责任对权力的制约作用,必须建立起科学、完备的责任制度。权力的运行一定要符合设立的程序规则,如果违反,将受到制约和惩处。从权力、责任、程序等方面构建各种权力之间保持一种既互相配合、又互相制衡的状态。"在所有使人类腐化堕落和道德败坏的因素中,权力是出现频率最多和最活跃的因素。"[3]权力腐败体现在权力成为国家公职人员谋取个人私利的商品,这种个人行为或者集体行为突破了权力的合理界限,其行为后果直接损害了社会公共利益。然而这种以权谋私、无视规则的行为对于良好法治氛围产生严重的阻碍。

二、政府依法行政

"依法行政是指各级政府和各个行政机关必须在法律规定的范围内行使职权。"[4]政府依法行政、权力在阳光下运行会让民众不仅逐渐信任法治政府的公正,也相信法律的权威,民众会拿起法律的武器保护自己的利益。整个社会沉浸在使用法律、信任法律的氛围之中。民众谈到法律有一种敬畏、尊崇的感受,法律面前人人平等、没有任何特权。在这样的法治氛围内,民

---

[1] 张国庆.公共行政学[M].北京:北京大学出版社,2007:98.
[2] 庞正.论权力制约的社会之维[J].社会科学战线,2016(2):196-206.
[3] 阿克顿.自由与权力[M].侯健,译.北京:商务印书馆,2001:342.
[4] 刘莘.依法行政与行政立法[J].中国法学,2000(2):86-94.

众感受到法律的公正带给人的安全感甚至幸福感,民众在社会活动中将更具有积极性、创造性,整个社会也将不断前进发展。可以说,法治氛围形成的关键是权力依法运行,而权力依法运行的关键是政府依法行政。依法行政是对权力行使的基本要求,行政官员需要不以个人的爱憎喜怒来决定权力的行使,各级政府依法行政是一种复合要求,需要做到:

(一) 基本要求

在法律范围内全面、公正公开执法,并且健全依法决策机制、做到权责统一、强化监督行政权力。

依法全面履行政府职能。首先,"法必须高于行政,行政必须服从于法,这是行政与法的基本关系,也是依法行政的基本内涵"[①]。行政机关实施行政管理,应当依照法律、法规、规章的规定进行,不得法外设权,没有法律、法规、规章的规定,行政机关不得作出影响公民、法人和其他组织合法权益或增加公民、法人和其他组织义务的决定;不得作出减损公民、法人和其他组织合法权益或者增加其义务的决定。其次,程序正当。要求构成行政行为的方式、步骤、时间、顺序要符合法律程序。要从法律上、制度上建立依法用权的程序,使权力的使用不因人的改变而改变,不因人的看法和注意力的改变而改变。最后,行政机关要坚持法定职责必须有作为、勇于负责、敢于担当,坚决纠正不作为、乱作为,坚决克服懒政、怠政,坚决惩处失职、渎职。

健全依法决策机制。"健全行政决策机制。科学、合理界定各级政府、政府各部门的行政决策权,完善政府内部决策规则。建立健全民众参与、专家论证和政府决定相结合的行政决策机制。实行依法决策、科学决策、民主决策。"[②]把民众参与、专家论证、风险评估、合法性审查、集体讨论决定等确定为重大行政决策的法定程序,确保决策制度科学、程序正当、过程公开、责任明确。

权责统一。权责统一实际上是赋予行政机关的义务和责任。行政机关必须采取积极的措施和行动依法履行其职责,擅自放弃、不履行其法定职责或违法、不当行使其职权,要承担相应的法律责任。权责统一原则要求行政机关依法履行经济、社会和文化事务的管理职责,要由法律、法规赋予其相应的执法手段。行政机关违法或者不当行使职权,应当依法承担法律责任,实现权力和责任的统一。依法做到执法有保障、有权必有责、用权受监督、

---

① 吴雷,杨解君.试论依法行政[J].法商研究,1998(5):3-5.
② 《全面推进依法行政实施纲要》第11条。

违法受追究、侵权须赔偿。建立重大决策终身责任追究制度及责任倒查机制,对决策严重失误或者依法应该及时作出决策但久拖不决造成重大损失、恶劣影响的,严格追究行政首长、负有责任的其他领导人员和相关责任人员的法律责任。

全面推进政务公开。坚持公开为常态、不公开为例外的原则,推进决策公开、执行公开、管理公开、服务公开、结果公开。各级政府及其工作部门依据权力清单,向社会全面公开政府职能、法律依据、实施主体、职责权限、管理流程、监督方式等事项。重点推进财政预算、公共资源配置、重大建设项目批准和实施、社会公益事业建设等领域的政府信息公开。推进政务公开信息化,加强互联网政务信息数据服务平台和便民服务平台建设,使"权力在阳光下运行"。

强化对行政权力的监督。强化对权力运作的法律监督,用法律制约权力运作,制裁各种越轨运作和滥用权力的行为,以法律制约权力。要健全和完善权力运作的法律制度体系,使整个权力运作过程都有法可依,使权力运行的每个环节都受到法律的制约。要建立健全法律监督的制度体系,努力形成科学有效的权力运行制约和监督体系,增强监督合力和实效。

(二) 服务性要求

"我国的依法行政,应减弱行政权的管制功能,加强行政权的服务功能和给付功能。"[①]服务性执法,增加了被执法者的主人翁意识,能够激起民众普遍形成尊法、守法、护法热情。

坚持文明执法。依法惩处各类违法行为,加大关系群众切身利益的重点领域执法力度。完善执法程序,建立执法全过程记录制度。明确具体操作流程,重点规范行政许可、行政处罚、行政强制、行政征收、行政收费、行政检查等执法行为。严格执行重大执法决定法制审核制度。

高效便民执法。高效便民主要指使用权力要讲究效率,动用权力资源要讲求效益最大化;切实做到权为民所用、利为民所谋,增强服务意识。行政机关责任意识不强,办事效率不高,任其发展下去,必将直接有损于政府在人民群众中的地位和形象,影响社会的和谐稳定。行政机关要真正做到高效便民,牢固树立全心全意为人民服务的思想。行政机关实施行政管理活动,应当遵守法定时限,提高办事效率,提供优质服务,方便民众。

---

① 袁曙宏,赵永伟.西方国家依法行政比较研究:兼论对我国依法行政的启示[J].中国法学,2000(5):113-126.

合理用权。合理用权就是要在适量的范围内用权,用得恰到好处。当前,各级领导干部在行使权力过程中还有相当大的空白地带,也就是行政自由裁量权。用权的错位和越位,将会直接造成行政管理上的比例失调和社会管理局面的紊乱。合理用权,就要避免行政管理不作为,造成行政资源的巨大浪费。同时也要避免行政管理乱作为,给政府造成不好的影响,给国家资源和财富造成损失。

诚实守信。政府是否守信,不单是政府官员的个人素质和品行问题,而是政府行使权力的观念和责任问题。只有当每一个政府官员都能对政府权力的来源和行使规则有一个正确深刻的认识,明白政府的每项权力都来自人民的赋予,必须在合法的范围内以合理的方式行使权力,错误行使权力必须承担责任,才有可能树立起守信的观念。政府的诚实守信集中体现在信赖利益保护原则上。

"行政权力涉及社会生活的方方面面,特别是它的运行方式具有突出的主动性和灵活性,因而相比之下更具有扩张和滥用的危险性。"[1]加之我们的传统让民众的内心深处都隐隐忌惮,认为所有的官员都是以权谋私的,这无疑让民众对政府做出的行政行为的合法性、公正性产生怀疑。"作为路径选择的依法行政,所对应的目标是建设法治政府。"[2]总的来说,政府依法行政不仅需要制度的设计与完善,也需要执法者素质的提高。在观念上认清"官"是为民服务的岗位,"权"是为民服务的工具,严格自律,摒弃特权思想,增强他们的法律崇敬感、道德自律感。

依法行政影响着民众对政府职能的认识以及对政府的依赖,依法行政是提高行政效率的重要途径,是保持政府政策连续性和稳定性的重要前提,依法行政使得政府具有崇高的威信、巨大的凝聚力以及强大的号召力。"任何一种法律制度再好也是需要人去贯彻、执行、监督乃至发展的,没有真正懂法、富有正义感和敬业精神的强大而独立的执法队伍,和真正懂得法律、尊重法律、自觉受法律制约的行政首长,也就谈不上真正的法治。"[3]依法行政表现为政府与官员率先遵守法律,建立权责统一、权威高效的依法行政体制,这一系列的政府行为让民众看见的是权责法定、执法严明、公开公正、廉洁高效、守法诚信的法治政府,从而为法治氛围的形成起到至关重要的

---

[1] 庞正.论权力制约的社会之维[J].社会科学战线,2016(2):196-206.
[2] 王锡锌.依法行政的合法化逻辑及其现实情境[J].中国法学,2008(5):63-76.
[3] 顾肃.论法治现代化的基本原则[J].江苏社会科学,1996(4):44-49,55.

作用。

三、司法公正廉洁

司法是维护社会公平正义最后的防线,如果连司法这道防线都缺乏普遍的社会公信力,那么整个社会公正将遭到普遍质疑,民众对于法治也将彻底失望。"人民司法要最大限度地满足最广大人民群众的司法需求,其根本不仅在于实现公正……还在于保持司法廉洁。"[1]司法公正能够"培养公民对法律的信仰,从而为法治的实现提供基本条件。对广大公民来说,对法律公正最直观的认识来源于对司法的公正性的认识,相当多的民众甚至把司法公正理解为法律公正的全部"[2]。同样,司法廉洁"对一个国家政治廉洁清明、社会安定团结十分重要,甚至至关重要。因为司法权力是国家权力中除了武装力量以外最具强制性的终局权力;司法机关专门处理社会纷争,是站在维护社会稳定与和谐最前沿的国家机关之一"[3]。司法公正廉洁是一种智慧、是一种强大力量,司法人员公正廉洁,其人格力量就会使人心生敬畏,从而增强法治凝聚力和感召力,从而有利于形成浓郁的法治氛围。为此,实现司法公正廉洁需要做到以下几个方面。

(一) 司法公正

司法公正对社会公正具有重要引领作用,"如果一个社会中没有了司法公正,那么这个社会也就根本没有公正可言了"[4]。形成法治氛围要求司法公正务必做到:

实体公正与程序公正并重,这是司法公正的目标和保障。随着对法治认识和要求的提高,民众所追求的司法公正不仅仅是"争取一个合乎正义的结果"[5]。民众逐渐认识到"司法公正包括实体公正和程序公正"[6],它们共同构成了司法公正的基本内容。换言之,司法公正要做到司法过程与司法结果的公正。"宪法之所以规定保障审判独立,是为了确保审判过程和结果公正。"[7]司法过程公正与司法结果公正二者是有机统一的。"从应然角度来

---

[1] 李玉成.关于司法廉洁的几点认识和体会[J].人民司法,2008(19):14-19.
[2] 公丕祥,刘敏.论司法公正的价值蕴含及制度保障[J].法商研究,1999(5):3-5.
[3] 李玉成.关于司法廉洁的几点认识和体会[J].人民司法,2008(19):14-19.
[4] 何家弘.司法公正论[J].中国法学,1999(2):3-5.
[5] 沈宗灵.现代西方法理学[M].北京:北京大学出版社,1992:321.
[6] 章武生.程序保障:司法公正实现的关键[J].中国法学,2003(1):3-4.
[7] 甘雯.关于司法公正的几个基本问题[J].中国法学,1999(5):3-5.

说,司法公正内容应当包括互相关联的两个方面:司法结果公正是司法过程公正,而司法过程公正是在司法程序运作的过程中所要实现的价值,其实质就是司法程序公正。"①

实体公正是作出的判决符合公正的要求,即实体公正要做到以事实为根据、以法律为准绳。"实体公正,注重的是诉讼结果的公平,即法律的规定与诉讼判决结果是同一的,该获得什么权利就获得什么权利,该履行什么义务就履行什么义务。一般而言,实体公正的获得与实现是以制度正义为假定条件的。"②即使在今天,轻视程序的现象依然存在。司法程序公正的标准包含:① 司法者的中立性;② 程序的平等性;③ 程序的参与性;④ 程序的公开性。"程序公平,注重的是诉讼过程的公平,其最重要的原则是程序自治和当事人获得同等对待。"②

依法独立行使司法权。司法独立是司法公正的制度构建,保障司法独立需要排除影响独立的不利因素,比如行政干预、领导干预、舆论干预等。保障司法独立首先要建立健全行政机关出庭应诉,尊重和支持法院审理并执行法院生效判决制度。建立领导干部插手具体案件、干预司法活动的记录、通报及责任追究制度。保障依法独立行使司法权就是要对任何有碍司法独立、司法公正的事情,坚决否定,对后果严重的,需依法追究刑事责任。

严格司法、明确责任。按照法律规定的程序,以事实为根据、以法律为准绳的要求严格司法。"健全事实认定符合客观真相、办案结果符合实体公正、办案过程符合程序公正的法律制度"③,提高司法公信力。"权力与责任统一如同权利与义务对等,是颠扑不灭的真理。"④明确各类司法人员的权力与职责,对违反职责的行为依法追究责任。"司法责任制是提升司法公信力的关键,司法体制改革的核心,也是本轮司法体制改革必须牵住的'牛鼻子'。"⑤

司法离不开民众参与,通过公正司法维护人民权益,依靠民众参与推进公正司法。"参与者就是正义的判断者"⑥,通过参与,民众在司法人员的主持下,排除了利益当事人的私欲以及非理性的干扰。民众不仅看到了在实

---

① 公丕祥,刘敏.论司法公正的价值蕴含及制度保障[J].法商研究,1999(5):3-5.
②② 徐显明.何谓司法公正[J].文史哲,1999(6):3-5.
③ 沈德咏.论严格司法[J].政法论坛,2016(4):96-111.
④ 钱锋.司法廉洁制度的创新完善与路径选择[J].法律适用,2011(2):3-8.
⑤ 孟建柱.统一认识,攻坚克难、锲而不舍抓好各项司改任务落实[N].法制日报.2015-7-10(1).
⑥ 姚莉.司法公正要素分析[J].法学研究,2003(5):3-23.

施和法律依据下的实体公正,同时也体验程序的公正,而且创造程序的公正。司法权拒绝任何干预的独立行使,让民众感受到了司法权的力量,一股不惧怕任何机关团体或个人的力量,让民众相信司法可以对抗任何强权。严格司法、明确责任是通过制度规范司法官员的行为、明晰权责。司法公正的措施无不提升了司法在民众心中的公信力,增强了民众对法治的好感,为法治氛围的形成增添一份动力。

(二) 司法廉洁

司法廉洁对社会安定团结、国家政治廉洁清明至关重要。司法一旦丧失廉洁,社会成员将不再信任司法乃至法律,甚至会使社会成员对执政者的品行和能力产生质疑,导致由司法信仰的丧失走向国家信仰的丧失。如何保障司法廉洁,坚决有效地遏制司法腐败,是需要认真关注的问题。

建立健全"不愿为"的自律机制。保持司法廉洁的进程中,人的因素是关键,因为法律、制度、纪律总是要靠人来执行。因此,司法人员对主观世界的自我改造对于保持司法廉洁具有决定性的意义。要牢固树立司法廉洁意识,时刻绷紧拒腐防变这根弦,严格遵守各项廉政规定。《松窗梦语》中"不复顾惜"[1]的典故至今有启示意义。

建立健全"不敢为"的惩戒机制。"司法权作为一种权力,也会被滥用,甚至导致腐败,因而必须通过责任追究等措施对司法权进行控制。"[2]因此,必须建立健全错案责任追究机制。倘若执法者腐败的收益大、成本小,实则是在纵容腐败。对枉法裁判、擅权专横的司法者,决不能心慈手软、姑息迁就,应坚决追究责任。

建立健全"不能为"的防范机制。缺乏监督的权力容易滋生腐败,应加强对司法活动的监督。从立案、侦查、批捕、起诉、审判、执行等各个环节,形成完善的司法体制上的监督制约。在司法机关内部,进行科学的分工,明确行为规范和权责关系,建立起一套行之有效的司法内部制约机制。同时完善人大的监督、检察机关的监督,充分发挥个人、社会以及舆论的监督作用。

建立健全"不必为"的职业保障和激励机制。司法是一项专业性很强的活动,因而司法人员的任职资格必须规范。只有吸收高素质的法律专门人

---

[1] 明朝御史张瀚初任御史参见都台王廷相时,王廷相给他描述了一桩见闻:昨日乘轿进城遇雨,有个穿新鞋的轿夫,他从灰厂至长安街时,还择地而行,怕弄脏新鞋。进城后,泥泞渐多,一不小心踩进泥水中,便"不复顾惜"了。王廷相说:"居身之道,亦犹是耳,倘一失足,将无所不至矣!"张瀚听了这些话,"退而佩服公言,终身不敢忘"。[(明)张瀚.松窗梦语[M].上海:上海古籍出版社,1986:34.]

[2] 朱孝清.错案责任追究与豁免[J].中国法学,2016(2):25-47.

才,司法活动才能在法律规定的范围内被很好地执行。"指望其维护社会公正的信念仅仅建立在不断自觉学习、自我约束的基础上无疑是天真的,我们需要设立一种激励机制和保障机制,其首要的内容是较高的薪俸和退休后较优裕的生活保障,以维持法官的职业荣誉感。"①因此,司法人员的职业保障与激励机制对于留住司法人才,保障司法廉洁意义非凡。

保持司法廉洁,既要在严惩极少数腐败分子上保持工作力度,又要在巩固队伍整体廉洁方面不断取得新成效。提高司法队伍的整体素质,树立司法人员廉洁为民的良好形象,为司法腐败行为确立了正面典型。司法廉洁体现了司法人员自身法律修养与品德修养,他们对于宪法和法律的忠诚、对于社会和人民忠诚,也鼓舞着民众尊法、信法,为法治氛围的形成提供了精神支持。

总之,权力依法运行是法治氛围形成的关键因素。西方"市民社会与国家的分离和互动发展,奠定了法治运行的基础"②。然而,中国作为一个有着两千多年封建集权历史的国家,从未形成一个发达的市民社会,又缺少民主与法制的传统,很难形成一个自下而上的自然演进机制,在社会改革的很多方面,仍要倚重于国家权力的推动。我们法治氛围的形成也必须依靠政府的引领与带动,这是一个不争的客观事实。只有权力依法运行,民众才会相信法大于权,才会改变根深蒂固的官本位思想,才会认同法治、尊崇法治,才能在权力运行中受到引领,带动整个社会法治氛围的兴起。

第四节 民众参与:法治氛围形成的主体条件

法治氛围对于法治建设的动力是"自下而上"的模式。法治氛围是主客体的矛盾运动在法治实践过程的结果,民众参与法治活动是法治氛围形成的社会主体条件。参与法治活动的主体不仅包括公民个人还包括社会团体组织甚至是网民这样的新兴群体。从参与者的角度来说,参与目的即为通过形式表达自己的意愿,从而维护自身或者社会公共利益。这种能够表达自己意愿的机会既确保了国家公共政策的合法性,又搭建了民众与国家沟

---

① 黄晓慧.略论维系司法廉洁的制度保障[J].广东社会科学,2000(4):131-134.
② 马长山.市民社会与政治国家:法治的基础和界限[J].法学研究,2001(3):19-41.

通的桥梁,维系了民众对国家及其政治的信任与支持。"参与和协商不仅成为解决特定问题的路径,而且也成为推动制度演变的动力。"①广大民众在参与法治活动的过程中深切感受到自己是国家的主人,享有充分的话语权,对参与过程与结果都比较满意,那么整个社会将形成浓郁的尊法、敬法、守法、护法的氛围。当民众意识到维护法律就是维护自己的意志时,法治氛围在主体积极参与下会更加容易形成。"沉默的公民或许会成为独裁者的理想臣民,但对于民主制度来说,却是一场灾难。"②

民众参与法治活动是其参与国家政治活动的表现之一,有学者总结出"谢尔阿斯汀的公民参与阶梯理论"(见表 3.1)。

表 3-1 谢尔阿斯汀的公民参与阶梯理论

参与发展阶段	政治体制发展状况	参与形式	参与形式特征	公民参与程度
政府主导型参与	政治民主化水平较低,政府(精英)起绝对支配作用	政府操纵宣传教育	政府是参与的发起者,参与形式选择取决于政府动员公民参与过程,公民具有被动性	低度
象征型参与	政治民主化发展,公民权利和意识开始觉醒,争取广泛的参与权,公民参与能力和组织化程度逐步提升	给予信息政策咨询,组织形成合作伙伴关系	政策过程的权力开始分享,公民逐渐认同自身的公民资格,公民参与逐步组织化、制度化,对政策具有一定的影响力	中度
完全型参与	政府授权公民,社区自主治理,公民资格意识成熟,参与知识和能力大幅度提高	授予权力,公民自主控制	公民成为社区治理的主人,积极、能动的公民参与政策过程的实质影响力,自主治理社区公共事务	高度

资料来源:根据 Arnstein S R. A Ladder of Citizen Participation[J]. Journal of the American Institute of Planners, 1969(35):216-224 的内容制作③。

党的十八大报告指出"充分发挥群众参与社会管理的基础作用"④。从

---

① 王锡锌.公众参与和中国法治变革的动力模式[J].法学家,2008(6):90-100.
② 罗伯特·达尔.论民主[M].李柏光,林猛,译.北京:商务印书馆,1999:150.
③ 孙柏瑛.公民参与形式的类型及其适用性分析[J].中国人民大学学报,2005(5):124-129.
④ 胡锦涛.坚定不移沿着中国特色社会主义道路前进 为全面建成小康社会而奋斗:在中国共产党第十八次全国代表大会上的报告[N].人民日报.2012-11-18(1).

我国当前民众参与的实际情况来看,我国正处于低度到中度的过渡阶段。我国民众参与法治活动的程度不高主要有以下几个原因:首先,我国缺乏民众参与法治活动的参与文化。在民众心中,制定法律就应该是国家和政府的事,作为普通老百姓只要做到守法就可以了,反正制定出来的法律通常都是作用于所有的百姓,无论是得到利益还是受到约束,所有的人所获得的和承受的都是一样的。"不患寡而患不均",只要大家一样,甚至是处于水深火热之中,普通老百姓都不愿意参加国家的政治生活。其次,从客观上来说,民众参与法治活动的规模、层次、范围、程度及频率受到民众的时间和能力的限制。最后,由于民众参与法治是和国家互动的过程,因而国家基于体制或社会公共利益的考虑会限制、约束民众参与。韦伯认为,"官僚体制的行政管理按其倾向总是一种排斥民众的行政管理。官僚体制只要有可能,就向批评界隐藏它的知识和行为"[①]。由于以上原因,民众参与法治活动的热情不高。因而,我国民众的参与大多是形式性的参与,鲜少有实质性的参与。然而民众参与对于法治建设、法治氛围的形成都具有重要作用,因此应该鼓励民众积极参与国家的政治生活、法治活动。但是,民众参与法治活动并不是一项简单的活动,民众参与太少,那么国家和民众的互动不够,民众参与太多,可能会影响国家运行的效率。所以,民众参与法治活动需要依法、有效、理性地参与,只有这样才能形成良好的法治氛围。

一、依法参与

依法参与是指民众通过合法渠道有秩序、有节制地参与政治生活、法治活动。改革开放实现了经济建设型政府,然而离公共服务性政府尚有距离。这两种类型的政府对于民众参与的要求大相径庭。民众有序参与有利于促进政府转型,让政府从居高临下的管理者变为细致周到的服务者。政府"管理的目的在于'出色的服务'"[②]。民众有序参与可以提高政府服务的质量。《中华人民共和国宪法》总纲第二条规定:"中华人民共和国的一切权力属于人民。人民行使国家权力的机关是全国人民代表大会和地方各级人民代表大会。人民依照法律规定,通过各种途径和形式,管理国家事务,管理经济和文化事业,管理社会事务。"法治建设活动中的立法、执法,广大民众享有

---

① 马克斯·韦伯.经济与社会[M].林荣远,译.北京:商务印书馆,1997:314.
② 斯蒂尔曼.公共行政学[M].李方,等译.北京:中国社会科学出版社,1898:109.

建议、监督的权利。

民众通过各种途径和形式行使参与权的时候,都要在法律的框架内行使。因而依据民众参与法治活动是否在制度内行使为标准,可以将参与方式分为制度性参与和非制度性参与。制度性参与即依法参与法治活动,如依法参加法律法规、规章或者政策的制定,依法参加与自身有利害关系的具体行政行为的程序等。而非制度性参与是没有按照法律的内容与程序大规模的聚集形成"街头政治",或者是某些人由于自身权利受到侵害不能或不想通过法治渠道来解决问题。比如,当公民个人的合法利益遭到侵害,而通过制度方式又不能及时有效地解决时,一部分人会采取极端的暴力方式来发泄对国家、对社会的不满。

"要充分调动人民群众投身依法治国实践的积极性和主动性。"[①]然而,公民依法参与面临参与成本的问题,比如经济成本、时间成本、人力成本。这些问题极大地阻碍了公民依法参与的热情。为了鼓励公民依法参加政治生活、法治活动,可以适当鼓励参与者,经济补贴参与者。

"政治参与是普通公民通过各种方式参加政治生活,并直接或间接地影响政治体系的构成、运行方式和规则以及公共政策的政治行为。"[②]无论是制度性参与还是非制度性参与,二者都存在着表达、质疑、商讨甚至对抗的参与过程,参与并不总是表现为完全的认可,一旦矛盾发生或是升级,冲突在所难免。当冲突存在时,民众容易失去理性,逾越法律的界限,作出冲动的决定与行为,产生无法挽回的后果。为了避免严重后果,国家应该开展多种法制宣传教育活动,提升民众的法律意识,增强民众依法参与法治活动的行为能力。同时政府及其职能部门要保障公民参与法治活动渠道的畅通,保障民众能够有尊严地表达以及妥善地解决问题。

二、有效参与

以立法为例,评价民众是否有效参与的标准包括:参与的代表性,即参与者能否代表各个群体的利益和观点;参与的易进性,即参与者可以通过多种途径及时参与立法;参与的充分性,即参与者可以充分地表达自己的观点并集体讨论;参与结果的实质性,即对国家人民有利的观点要被采纳。对于

[①] 习近平.加快建设社会主义法治国家[J].求是,2015(1):3-8.
[②] 李良栋.新编政治学原理[M].北京:中央党校出版社,2001:249-250.

参与有效性的重视不仅表达了民众对参与效益的期待,也增强了民众与国家的互动,体现了民众主人翁的地位,更重要的是有利于提高民众参与政治生活、法治活动的热情和积极性。长此以往,整个社会的法治氛围将愈加浓厚。

首先,参与形式的选择。有效参与并不意味着在任何领域或任何情况都参与得越多越好,需要考量到参与的程度和规模。参与任何活动都需要消耗一定的时间成本与经济成本,参与法治活动也不例外,既要保障民众的利益愿望得到充分的表达,也要衡量时间和经济的成本与效率。另外,公民参与价值的理论并不意味着所有的参与都能达到预期有效的结果。参与形式、层次、规模选择不当会减损政策的制定,甚至导致公民参与流于形式,从而威胁到政策合法性的基础。因此,参与形式的适当性是提升民众有效参与必须要思考的问题。如何选择适当的公民参与形式,需要考虑法治活动中公共政策议题本身的性质。也就是说,若议题所涉及的影响利益群体范围越广,那么参与的利益关系人数量就要越大,参与的程度要越深入,比如个人所得税的调整就该听取大范围的民众意见。若议题本身所要求的技术化或专业化程度较高,就应该限制民众参与的深度和广度,比如对于信息工业领域的专业事项的制定,就无需全民的参与,而是要有该领域的专业人员来参与。

其次,参与渠道的选择。代议制是我国当前参与的主要方式,法律的立改废都是通过代议制的方式完成的。网络的使用与普及使得直接参与式的民主成为可能。网络时代是"立即可分享信息的时代"①,网络民主是一种操作简单快捷、成本低廉的民主形式。由于取消了代议的中间环节,民众的参与更直接、快速,这也激发了民众参与的热情。从中央到地方的各级政府都建立了电子政务系统。新华网、人民网既是民众获取信息的平台,也是能够传递信息、表达诉求的地方。各级领导可以直接从互联网上了解民生国情。无论涉及国家利益、民族利益或个人利益的讨论,还是单纯的情感宣泄,都有利于提高民众的法律意识,增强社会的法治氛围。

网络改变了政府的施政方式。由于信息传播快速化、公开化和透明化,政府的行为、行政人员的行为,无论是日常工作还是紧急事件,都容易曝光,这在很大程度上影响着民众对政治对象的情感、认知与评价。面对网民及社会舆论的谴责,对于政府及其工作人员将是有力的束缚,有利于规范权力

---

① 约翰·奈斯比特.大趋势[M].梅艳,译.北京:中国社会科学出版社,1984:161.

运行。但是作为一种参与式直接民主,网络民主可能导致"暴民专政"或"数码鸿沟"(Digital Divided),少数人掌握信息霸权,即"以那些能最有效地动员自己特殊利益的部队的人为特征的时代即将到来。少数派的否决代替了多数派的表决"①。他们"在直接民主的幌子下,建立以公民投票为基础的专政"②。因此,必须充分认清大规模直接参与式民主的痼疾。

再次,及时反馈民众参与的结果。如果民众参与只是一个摆设,他们的任何意见和建议均不被采纳或者石沉大海,那么前期的所有的准备工作都是毫无意义的。真正的参与互动是政府和民众的双方妥协,是民众的诉求得到有效反映并落到实处。只有这样才可以鼓励民众主动积极地参与到政治生活和法治活动,才能够积极地追求自身参与的目标。同时,还需要考虑参与的结果可否被民众理解和接受,是否充分体现民意、反映民情。只有被民众充分理解、接受、合作,才能有效顺利地执行。如果民众参与行为大多能够获得参与的预期结果,那么民众对于积极参与将持有乐观的态度,反之则会降低民众参与的意愿。

事实上,及时公布民众参与的结果,有利于强化民众对国家和政府的信任。民众对政府的信任程度与民众以往参与成果有密切联系。若民众对以往参与结果评价越高,他们对政府的信任度就越高,从而鼓励民众更大范围、更深程度地参与。反之,具有实质意义的民众参与则显得动力不足。卢梭认为,"如果人民能够充分了解情况并进行讨论,公民彼此之间没有任何勾结;那么从大量的小分歧中总可以产生公意,而且讨论的结果总是好的。"③民众参与除了要体现公意,还需要达到较好的结果。

三、理性参与

民众参与政治生活、法治活动是能够对国计民生产生影响的,因而,民众在参与时要严肃认真、要保持头脑冷静,不可冲动行事,即要有理性的参与方式。理性的参与方式可以让互动双方心平气和、客观理智地面对问题、解决问题,可以使参与各方的共同利益最大化。而民众的非理性参与或许可以解决问题,但对于国家的稳定团结造成了破坏,同时非理性参与人也可

---

① 莱斯特·瑟罗.资本主义的未来[M].周晓钟,译.北京:中国社会科学出版社,1998:255.
② Alexanderand C I, Pal L A. Digital Democracy: Policy and Politicsin the Wired World[M]. Oxford: Oxford University Press, 1998:6.
③ 卢梭.社会契约论[M].何兆武,译.北京:商务印书馆,2003:140.

能由于参与过程的无序或暴力而受到伤害,甚至伤害到一些无辜的人。因此,我们应该倡导用法治手段、法治方式、理性地解决问题。同样,民众在参与政治生活、法治活动时也要理性参与。

民众理性参与的特点如下:首先,理性参与是参与者需要具备的政治品质。"健全和稳定的现代民主不仅仅依赖于'基本结构'的正义,且还依赖于公民的品性与态度。"[①]一方面,每个人都有自己的私利,但是在参与政治生活、法治活动的时候不能只考虑私利,还应当考虑社会公共利益。另一方面,理性参与者还应当有宽容的精神。并非所有的问题都能够按照参与者的要求得到妥善解决,因为政策、法律的通过大多按照"少数服从多数"的原则,因而"少数"要服从"多数"的决定。其次,理性参与是权利与义务的统一。参与者在参加政治生活、法治活动时,享有表达自身利益诉求的权利;同时,参与者应该认识到自身负有理性参与的义务,只享受权利不履行义务的民众参与是狭隘的参与。

民众在参与政治生活、法治活动中可能会因为事件本身的性质、个人自制能力或者外部环境的影响而失去理智,变得冲动。民众非理性参与的方式包括:

(1) 群体性事件。群体性事件的参与者大体可以分为两类,一是为保护自身利益、公共利益或者对政府、其他团体不满而参与的人,比如20世纪80年代的"街头政治";二是有些别有用心的组织或者个人挑起的民众与政府之间的矛盾而诱发的群体性事件,比如2009年7月发生在新疆乌鲁木齐的打砸抢烧事件。对于参与者性质不同,要采取不同的应对策略。

(2) 网络暴力。互联网时代是信息爆炸的时代,有些媒体为了自身的利益,抬销量、博眼球,发布不实报道导致群情激奋。另外有些网民人云亦云、缺乏理性的分析和判断,他们在臆想中泄愤、否定任何权威;也有一些网民是制造谣言、散播谣言,唯恐天下不乱。

(3) 个体的暴力"维权"。在转型时期,社会矛盾激发,暴力维权多发于移民安置补偿、拆迁赔偿纠纷或者其他的个体不满法院裁判、政府行政行为以及一些社会不公现象。个体暴力"维权"的一个共同诱因在于,社会个体合法权益受到损害,在合理诉求的表达无法解决时,比如反馈渠道不畅,或者长时间得不到有关部门的积极有效响应,导致情况持续恶化,矛盾持续累积,最终走上暴力"维权"的道路。

---

① 威尔·吉姆利卡,威尼·诺曼.公民的回归[M].袁丽丹,译.南京:江苏人民出版社,2004:236.

无论是何种形式的非理性参与,都会对国家、社会、人民的人身财产安全造成严重的威胁。对于煽动、利用民众非理性参与而实施违法犯罪的敌对分子,必须坚决给予严厉打击;而对于被人利用的普通民众以及潜在的可能被人利用的普通民众,国家要做到以下几个方面:首先,要培养他们的公共理性。"受到良好教育的人具有更多的政治意识"[1],要加大法制宣传教育力度,提高民众对自由、公正等价值的认识,提升他们的社会责任感、政治责任感。其次,拓宽与完善民众利益诉求渠道。民众能够表达诉求,官员可以听取民意,落实选举制度、听证制度。最后,用制度确保理性参与者的权益。对于理性参与公民权益的保障,可以增强民众对政府的信任感,保持民众的参与热情,实现民众的理性参与。公共决策中,公民的理性参与不是自发形成的,它需要国家与政府的推动,需要参与者自身的努力,需要社会大环境的培养,同时也需要制度层面的支撑,因而这是一项系统工程。

法治氛围是群体性的氛围,需要社会成员中多数人对法治相信、依赖甚至尊崇。营造尊法、信法的法治氛围需要民众积极主动地参与法治。从民众的角度看,民众在参与的过程中认识了法律规范,增强了法治观念,规范了法律行为。从政府的角度看,民众参与提高了决策的质量,改善了决策的品质,完善了决策的可行性与合理性。在民众参与政策过程中,汇集了民心、民智、民力,从而实现了动态的利益平衡,最终确保了社会公正。法治不是政府、个人或者少数人的独角戏,它需要全民共同参与,"要使全体人民都成为社会主义法治的忠实崇尚者、自觉遵守者、坚定捍卫者,使尊法、信法、守法、用法、护法成为全体人民的共同追求"[2]。法治氛围的形成最终需要依靠民众的力量才能达成。

---

[1] 加布里埃尔·A.阿尔蒙德,小 G.宾厄姆·鲍威尔.比较政治学:体系、过程和政策[M].曹沛霖,等译.上海:上海译文出版社,1987:139.
[2] 习近平.加快建设社会主义法治国家[J].求是,2015(1):3-8.

第四章 法治氛围形成的标志

法治氛围是民众对于法治的整体感受如敬畏、崇尚甚至信仰的外化,弥漫在法治的时间和空间,法治氛围是主客体的矛盾运动在法治实践的过程与结果中的表现。即使法治氛围没有客观的形态,我们依旧可以感受到法治氛围的淡薄或浓郁。当在一个社会中,法治得到普遍认同,法治价值观得以确立,法治秩序得以形成,就标志着这个社会的法治氛围已经形成。

第一节 法治的普遍认同

"法治之美,关乎人的心灵与情感,关乎民众对法治的认同和选择。"[①] "认同"(Identification 或 Identity),作为一个专业术语,最早由著名心理学家弗洛伊德所提出。他指出,"认同"是"个人与他人、群体或模仿人物在感情上、心理上的趋同的过程"[②]。"认同"一词在现代汉语中从心理学和社会学两个方面考量有两层含义:首先,跟自己有共同之处而感到亲切;其次,承认、认可。[③] 在这里,笔者取认同的"认可、赞同"之意。故而,法治认同,即民众对于法律制度、法律治理以及法治文化的普遍认可与赞同,并自觉规范自身行为的过程。

民众是法治的体验者与评判者,也是法治中国前进的动力。如果缺少民众的法治认同,就缺少了法治建设的社会心理基础。如同英格尔斯所说,"再完美的现代制度和组织原则,如果没有其得以运行的社会根基和缺少赋予这些制度与组织原则以真实生命力的现代心理基础,也会变成一堆废纸

---

① 龚廷泰.法院文化建设的最高境界:追求司法的真善美[J].中国审判,2012(1):20-23.
② 陈国佺.简明文化人类学词典[M].杭州:浙江人民出版社,1990:126.
③ 中国社会科学院语言研究所词典编辑室.现代汉语大词典(修订本)[M].北京:商务印书馆,1996:1067.

或导致畸形发展"①。法治认同是民众对于法治的理解、接受、尊重、服从、信任、敬畏,表达了社会主体对于法治"品质与技术"②的确认和赞许,因而其对于社会形成认可法治、赞同法治的文化氛围大有裨益,同时,其也是法治氛围形成的重要标志。

法治认同不仅是对法治的制度文化认同,还是对法治的精神文化认同。法治认同不仅包括思想上的认同还包括行为上的认同。法治得到普遍认同是法治氛围形成的标志之一,法治认同是民众对于法治这一客体的接受、赞同,是法治这一客体对于民众需求的满足。民众对于法治认可与赞同的外化弥漫在法治的时间、空间。法治认同是民众在法治实践中能动实践活动的结果。从人类思维与行为的进程看,法治氛围中法治认同具体表现为民众精神上的认可、赞同以及行为上对法治的护卫。笔者认为,法治认同,主要从民众信任法治、敬畏法制、捍卫法治三个方面表现出来。

一、信任法治

良好的法治氛围存在于一个对法治充满信任感的社会。在传统法律文化的影响下,基于法律的狭隘工具主义理解,使得法律及其实施难以被广大民众所认同。法治建设的重要目标,就是在全社会树立起普遍信任法治的社会氛围。所谓普遍信任法治,是指当社会主体的合法权利遭到不法侵害时,民众相信法律可以为自身维护权益,不法行为能够得到制止,侵权行为能够得到法律救济。在这样的条件下,民众能够理解、接受、承认、肯定、赞同法律制度与法治理念,认可法治的"品质与技术"。首先,从根本上说需要法治维护民众的利益、体现公平正义等价值;其次,从认知维度上说,还需要促使法律知识向常识转化;最后,从法治实践上说,政府以及其他公权机关能够依法行政、公正司法、带头守法。由此法治必然得到广大民众的支持和信任是因为:

第一,通过法治维护绝大多数人的利益,尽可能降低民众的利益损失,体现了公平正义的价值。公平正义是法治的生命线。"法官对每一起案件的公正裁判,都会给人民群众的法律信仰添加一块基石;对每一起案件的裁

---

① 英格尔斯.走向现代化世纪档案:影响20世纪世界历史进程的100篇文献[M].北京:中国文史出版社,1996:435.
② 亓同惠.法治中国背景下的"契约式身份":从理性规制到德性认同[J].法学家,2015(3):1-15,176.

判不公,都会给司法权威和司法信仰造成一次削弱和破坏。"① 波斯纳曾明确指出,对于法律的服从更多表现为利益刺激的问题,并非单纯的敬重和尊重的问题。② 可以说,利益乃是人类一切活动的根本动因。从功利主义法学角度来看,当法治可以正义地满足民众需求、保障民众的合法利益并有效降低民众损失时,民众就认同法治。黑格尔指出,"在市民社会中,每个人都以自身为目的,其他一切在他看来都是虚无。但是,如果他不同别人发生关系,他就不能达到他的全部目的,因此,其他人便成为特殊的人达到目的的手段。但是特殊目的通过同他人的关系就取得了普遍的形式,并且在满足他人福利的同时,满足自己"③。所以,利益乃是法治认同的现实支点。这一现实支点是整个人类群体的诉求,是实现人的目的与人的价值的客观条件。

若法治所追求的利益没有边界,尤其是在合法利益的分配上无法做到相对公正,那么还是会导致混乱,难以维持秩序,那将是一个自私自利、弱肉强食的社会。这是庞德所说的"利益评价"问题,因而法治被认可的关键是主体间在平等基础上的"相互承认"与"重叠共识"。④ 马克思曾说,"'思想'一旦离开'利益',就一定会使自己出丑"⑤。韦伯认为,"在作出任何决定之前,要有一番计算,以弄清是否有利可图"⑥。利益是民众对于事物的要求和愿望。庞德将利益分为三类,分别是个人利益、公共利益以及社会利益。⑦他认为,我们不能提供一种每个人都能认同的价值准则,所以他提出可以用3种方法获得价值准则。第一,经验的方法,即"从经验中寻找某种能在丝毫无损于整个利益方案的条件下使各种冲突的和重叠的利益得到调整,并同时给予经验以合理发展的方法"⑧。第二,理性的方法,即"依照一定时间和地点的文明的法律假说来进行评价"⑨。第三,公认的、传统的权威性观念,即"关于社会秩序的理想图画"⑩。博登海默赞同"人的确不可能根据哲学方法对那些应当得到法律承认和保护的利益作出一种普遍有效的权威性的位序安排。然而,这并不意味着法理学必须将所有利益视为必定是位于同一

---

① 倪寿明."一断于法"方能建威立信[J].人民司法,2013(11):1.
② 波斯纳.法理学[M].苏力,译.北京:中国政法大学出版社,1994:297.
③ 黑格尔.法哲学原理[M].范扬,张企泰,译.北京:商务印书馆,1961:197.
④ 龚廷泰.法治文化的认同:概念、意义机理与路径[J].法制与社会发展,2014(4):40-50.
⑤ 马克思,恩格斯.马克思恩格斯全集:第2卷[M].北京:人民出版社,1995:103.
⑥ 马克斯·韦伯.新教伦理与资本主义精神[M].于晓,陈维纲,等译.北京:三联书店,1987:87.
⑦⑧⑨ 罗斯科·庞德.通过法律的社会控制[M].沈宗灵,译.北京:商务印书馆,2010:41;66;68.
⑩ 罗斯科·庞德.通过法律的社会控制[M].沈宗灵,译.北京:商务印书馆,2010:71.

水平上的,亦不意味着任何的评价都是行不通的"①。法治蕴含了人与人之间对于彼此利益的承认、对于彼此利益的尊重、对于彼此价值的认同。这是人性在"最大公约数"的"重叠共识"下的"善",这是人类在追求法治文明道路上的"美",这是一道亮丽的风景线。在共识的指导作用下,民众之间的纠纷不再是恶言相向,而是民众之间的合作性美德。这样的法治用温和取代暴力、用温暖取代冷漠。

为什么温和且温暖的法治容易被民众认可?因为独特的动人之处——民众的怜悯心。人是有思想有感情的动物,对于比自己强的人,我们会敬畏、尊重、嫉妒、模仿、学习、自卑或不屑等。但是对于比我们弱的人,民众可能会表现出嘲笑、冷漠,但更多是同情、关爱。无论是强者还是弱者,每个人都有自身的不足,每个人都有自身比较弱的阶段与领域。再强的人,他也有年幼与年老的时候,再强的人,他的知识结构中也有其不擅长的领域。强者尚且不能一直强,更何况弱者呢?所以民众的怜悯心是一种本能的同理心,怜悯心不仅是对他人的关爱,也是自己内心的温暖。所以,法治对于强者和弱者的平等,甚至是对于弱者的关爱,能够让民众自觉自愿地守法。温和且温暖的法治更容易引起民众的共鸣。或许在利益面前能够真正让步与妥协的人少之又少,在当代中国,"和而不同"的思想可以指导法治建设、可以妥善处理各种利益关系,以便形成和谐的利益结构,使民众享受到经济与社会发展的成果,也使法治获得民众更稳固、持久的认同。

第二,可以被普遍认可的法治在制度方面应该准确且可以被民众理解,不能模糊。民众信任某一个事物总是以了解该事物为前提的。也就是说,客体应当可以被足够清晰地认识才能够被认可。具体来说,既包括法律本身语言规范统一、法律结构严谨合理、法律体系和谐协调,也包括法律在设定之初有着可以被解释清楚的可能。前者要求法律应当具有逻辑理性。这种清晰而严密的逻辑理性背后追求的是什么呢?芬兰学者阿尔诺说过,"实现法治就是实现法律的确定性"②。对法的确定性的期盼,就蕴含着对逻辑理性与形式理性的追求。前者追寻法的确定性,必然要求法律在逻辑上应该明晰、严密。后者指即使法律条文存在晦涩难懂的部分,但是对于这些条文的解释应当可以被理解,对于条文背后的法理应当被认可。法学如同医

---

① 博登海默.法理学:法律哲学与法律方法[M].邓正来,译.北京:中国政法大学出版社,2004:400.

② 刘星.阿尔诺的"法律确证"理论[J].环球法律评论,1993(3):27-31.

学,是个专业性很强的学科,无论是系统的理论知识学习,还是富有逻辑的思维方式,还是精准简练的表达技巧,都不是一朝一夕可以掌握的。法律文本中的法律术语对于从未学习过法律的人来说,理解起来十分困难。但是当民众遇到法律问题需要被解答时,在被解答的过程中,民众应当可以基本理解法律的规定,以及接下来具体的操作。法律在被解释之后不再显得晦涩难懂或拐弯抹角。法律来源于生活,应当服务于生活。

第三,在法治实践方面,法治不是只看法律文本上的规定,还要考量法治的运行。民众是否信任法治,不仅要看法律的规定如何科学公正,还要看法律所描绘的社会图景能否真正实现。在当代中国,民众缺乏对法治的普遍的主体性认同,在部分公职人员和一些民众看来,法律只是治民的工具和手段,或者法治建设只是政府与社会精英的事。民众认识不到自身的主体地位,对法律关于公民权利保障和公权力的制约功能的认识比较模糊。因此,在法治实践中,法治氛围形成的关键是法治的有效运行。在法治中国建设的进程中,想要达到社会主体对于法治的普遍认可,就需要政府与其他公权机关及其工作人员在实践中起到表率作用。这种表率既有正面的引领,也有对于自身错误能够勇于承担责任的担当。就执法和司法而言,它们"以一种公平方式运行,给予当事人一种受公平对待之感。因为公平能够促进解决纠纷并在当事人心中建立信任感。所以解决纠纷就应当保持中立,不受任何组织和个人干预,公正无私且不怀偏见"[①]。民众将肯定与信任法律和法治。

在法治实践中,法治方式要文明。法治方式文明主要是指执法文明,它是合法化、合理化、服务化的执法方式。执法文明是维护国家利益与民众利益的润滑剂,是提升法治公信力的重要途径。它对社会生活的稳定与和谐有着重要意义。必须正视的是,当前执法工作还存在诸如有法不依、执法不严的问题,这严重违背了法治原则,与民众的期待还有相当的距离,使得法律的权威与尊严被忽视,行政机关的公信力降低。执法方式不文明,容易使行政相对人产生抵触情绪,增加行政成本,行政效率也会降低。因而,在执法方式文明程度上需要注意:首先,执法工作人员要转变执法理念,即从"管理者"向"服务者"转变;其次,完善执法依据;再次,规范执法程序;最后,加强执法监督。

在法治实践中,法治过程要便民。法治是民众参与的过程,无论在立

---

① 戈尔丁.法律哲学[M].齐海滨,译.北京:生活·读书·新知三联书店,1987:241.

法、行政或司法上都应当尽可能方便民众,节约整个社会的成本与资源,高效便民可以提升政府在民众心目中的满意度。从立法上看,应保障公民的立法参与权。从行政上看,一个高效的政府应该是一个便民的政府。便民不仅体现在精简行政手续,还体现在减少部门之间的相互推诿给民众带来的麻烦。近年来,国家相继推出了户籍制度改革、出入境管理改革等一系列利民便民的政策性、制度性措施,充分体现了行政便民。从司法上看,在司法过程中要便于民众参加司法活动。司法是一个耗费大量时间、精力的活动,"20世纪后半叶以来,世界各国都在积极进行司法改革、把简易、便利、快捷、低廉作为改革民事诉讼程序的基本目标"①。实践中,一些法院的做法值得借鉴②。当诉讼变成社会生活的一部分,"司法面对日益增加的案件不得不在提高效率上作出更大的努力"③。

总之,信任法治,是法治认同的前提条件。当民众遇到纠纷的时候,当民众的权利受到不法侵害的时候,是相信法律,用法治手段排解纠纷,维护权益,还是相信关系和权力,这是衡量一个社会对法治信任的标尺。要使民众信任法律和法治,必须基于这样的条件和前提:法律是维护公民权利的"良法";当民众诉诸法律时,司法机关能够公正地做出维护公民合法权益的裁判,并制止不法行为的继续发生;业已生效的司法判决能够及时地得以执行;诉诸法律的代价和成本要远远低于其他"维权"手段的代价和成本。满足了上述条件,民众对法治文化的信任感和认同感也就会逐步树立起来。④

二、敬畏法律

法治氛围是一个对法律充满着敬畏感的社会氛围。"有两种伟大的事物,我们越是经常、越是执著地思考它们,我们心中就越是充满永远新鲜、有

---

① 范愉.小额诉讼程序研究[J].中国社会科学,2001(3):141-153,207.
② 2015年11月25日,安徽省金寨县人民法院受理了原告李某诉被告余某的生命权纠纷一案。经电话联系,了解被告余某在江苏无锡务工,为节约当事人往返无锡至金寨的时间、金钱成本,征得余某同意,承办法官与其互加好友,将诉状副本、开庭传票等应诉材料拍照后通过微信传给余某。后再次电话联系余某,确认其收悉后将聊天记录打印附卷。电子送达是《中华人民共和国民事诉讼法》新增的一种送达方式。科技的进步使得文书送达的方式越来越多,金寨法院不断创新司法服务新模式,充分利用微信、QQ等新兴媒介,为当事人提供更高效、便民的服务。(http://www.china.com.cn/legal/2015-12/01/content_37202986.htm)
③ 棚濑孝雄.纠纷的解决与审判制度[M].王亚新,译.北京:法律出版社,1994:249.
④ 龚廷泰.法治文化的认同:概念、意义机理与路径[J].法制与社会发展,2014(4):40-50.

增无减的赞叹和敬畏——我们头上的灿烂星空,我们心中的道德法则!"①对法律的敬畏,起源于对自然、神和祖先的敬畏。远古时代的人类由于认识的局限性,对无穷无尽的问题找不到合理的解释,对许多超越认识能力的自然现象也难以掌控,于是他们就产生害怕、恐惧的情绪。这是人类早期对大自然原始的、本能的敬畏。比如,"《周礼》始终贯穿着两条基本原则:一是'亲亲',二是'尊尊'。'亲亲'原则,要求父慈、子孝、兄友、弟恭;'尊尊'原则,要求下级贵族必须服从上级贵族,不许犯上作乱;奴隶与平民必须敬畏奴隶主贵族,不得反抗"②。直至今日,我国一些少数民族仍然保留敬天、敬地、敬祖先的习俗,只是到了法治时代,民众才有了敬畏法律的信仰。所以,敬畏法律是一种现代的社会信仰。以这种信仰为支撑的社会氛围,就是法治氛围。

当前社会存在某些无视、蔑视、践踏法律的现象。比如贪污受贿、徇私枉法、失职渎职、权钱交易、权色交易等严重的权力腐败问题,又比如毒奶粉、毒猪肉等食品领域的安全问题。种种无视、蔑视、践踏法律的现象让我们看到这些人无法无天、胆大妄为的无知和狂妄!为什么我们的规则制定得越来越多,越来越完善健全,但违法现象还是层出不穷、屡禁不止。有一个十分重要的原因是民众缺少了一颗对法律的敬畏之心,"在众多的诱惑面前,不少人迷失了自我、丧失了道德、泯灭了人性——全然没有了敬畏之心"③。

"敬畏法律是建设法治国家、法治政府、法治社会的客观要求,是实行依法治国、依法执政、依法行政的现实需要。"④人类应当有敬畏感,就像敬畏自然和社会规律一样敬畏法律。法律可以被敬畏的原因包括:首先,法律是公正与理性的化身,包含着人类的理性认识,法治是实现平等自由公正的保障。其次,法律以国家强制力为后盾,而国家强制力具有当然的威慑力,这一内在品质决定了人们必须敬畏法律。最后,法律符合社会道德伦常,法律的制度与规则中内涵的道德伦常符合民众的道德良知,违反法律还会受到来自道德力量的惩罚。

对法律的敬畏,表现为所有社会主体对于法律发自内心的敬仰、尊重,以及对于国家强制力保障实施的法律制裁的害怕、畏惧心理。"敬"是对法律的内在精神的尊崇,"畏"是对法律外在强制力的忌惮。敬畏法律是从内

---

① 康德.实践理性批判[M].韩水法,译.北京:商务印书馆,1999:177.
② 夏锦文.中国传统司法文化的价值取向[J].学习与探索,2003(1):47-52.
③ 王长国.精神窄门的焦虑:论敬畏之心[J].探索与争鸣,2008(11):67-69.
④ 卓泽渊.敬畏法律是法治的必须[J].人民法治,2016(4):85.

心不允许自己触碰违背法律,敬仰、畏惧法律的权威,视法律为一柄时刻高悬的惩恶扬善的利剑。诚如胡云腾大法官所言,"法律只有进入人的内心世界,被民众所信仰所信赖,法治才能有力量,法律才能有权威。否则,法治建设就会付出更多的成本和代价,甚至难以承受"[①]。

敬畏法律的重要标志,首先是执法机关和各级领导干部对法律怀有敬畏之心。然而,现实与理想之间却存在着非常大的反差,诚如习近平同志所指出的那样:"旗帜鲜明地反对腐败,是政法战线必须打好的攻坚战。一些有权人、有钱人花钱捞人、花钱买命、提钱出狱,为什么能得手,原因就是政法队伍中存在腐败现象。有的干警同黑恶势力串通一气、充当保护伞,胆大妄为、无法无天!一些黑恶势力杀人越货,不但没有被惩处,其头目反而平步青云,甚至戴上'红顶',当上了人大代表、政协委员、基层干部,后面的保护伞很大啊!政法机关和政法队伍中的腐败现象,还不仅仅是一个利益问题,很多都涉及人权、人命。……我们一定要警觉起来,以最坚决的意志、最坚决的行动扫除政法领域的腐败现象。要健全执法部门分工负责、互相配合、互相制约机制,通过完善的监督管理机制、有效的权力制衡机制,严肃的责任追究机制,加强对执法司法权的监督制约,最大限度减少权力出轨、个人寻租的机会。对司法腐败,要坚持零容忍,坚持'老虎''苍蝇'一起打,解决清除害群之马。"[②]党的十八大以来,国家加大了对这些不法之徒的惩处力度,把一个个贪赃枉法的违法犯罪分子送上审判台,这恰恰彰显了法律的权威和法治的威严。中国前所未有的反腐力度,无疑大大震慑了这些不法之徒,也在全社会营造了敬畏法律的良好氛围。

敬畏法律是各级领导干部的"必修课"。只有敬畏法律才会慎用权力,只有敬畏法律才能真正懂得权力的边界。心有敬畏,才能行有所止。[③] 各级领导干部无视或者蔑视法律将会使民众丧失对于法律的敬畏感。唯有法律的警钟在领导干部的心中长鸣,才有可能在整个社会营造敬畏法律的社会氛围。当下,少数领导干部法治观念淡薄,法律知识缺乏,没能正确认识权与法的关系、人治与法治的关系。因而要不断学习、提高法治素养,摒弃人治思想与习惯,把学习法律意识转化为敬畏和践行法律的能力和行为,时刻谨记法律的底线不能逾越、不能触碰。

---

① 胡云腾.法治精神之我见[N].法制日报.2007-8-17.
② 习近平关于全面依法治国论述摘编[M].北京:中央文献出版社,2015:75-76.
③ 本报编辑部.把公正司法的壮丽和声奏得更响[N].人民法院报.2013-4-17(1).

习近平同志指出："各级领导干部在推进依法治国方面肩负着重要责任,全面依法治国必须抓住领导干部这个'关键少数'。"①各级领导干部相对于广大人民群众而言,有着特殊的地位和作用,各级领导干部是法治主体数量上的"少数",但他们是推进法治的"领头羊",是践行法治的"风向标",是捍卫法治的"守护神"。他们既是法治进程的实践者,也是法治进程的组织者;他们既是法治进程的推动者,也是法治发展的捍卫者。他们在法治进程中的地位举足轻重。各级领导干部的表率作用贯穿于立法、执法、司法、守法、护法的各个方面,领导干部特别是高级领导干部守护、捍卫法律权威和法治精神的决心与行为,是衡量法治氛围是否形成的关键因素。

敬畏法律的社会氛围是整个社会的群体氛围,敬畏法律需要包括领导干部在内的社会主体树立对法律的敬畏感。在法治社会里,通过领导干部以身作则,让民众内心深处对于法律的敬仰和尊重油然而生,通过每一个执法人员公正文明执法,让民众对法治肃然起敬,引导民众自觉遵守法律。民众的这些体验和感受帮助他们自觉养成敬畏法律的文化自觉。同时,随着法律的完善和知识的传播,民众对于法律精神的知悉和理解,让民众不禁从心底对法律产生敬意。当整个社会都弥漫着民众对法律虔诚、认真的敬畏之情,便是法治氛围形成的标志之一。

三、捍卫法治

马克思曾经对法律的性质和功能作了十分明确的定位:"法典就是人民自由的圣经。"②人民在为权利而斗争的过程中,在争取民主反对专制的过程中,在摒弃人治实行法治的过程中,切实地感受到人权、民主、法治对我们的国家、民族和人民的意义,切身地体认到民主法治在中国得来不易。因此,法治需要建构,法治需要认同,法治需要践行,法治也需要捍卫。法治发展的历程就是捍卫法治的历程。自从亚里士多德提出法治③这一概念后,在西方历史上关于人治与法治、专制与共和、暴政与善治的争论过程,乃是人类捍卫法治的过程。第一次是柏拉图的"哲学王的统治"(人治)与亚里士多德

---

① http://news.xinhuanet.com/mrdx/2015-02/03/c_133965997.html.
② 马克思,恩格斯.马克思恩格斯全集:第1卷[M].北京:人民出版社,1995:176.
③ 亚里士多德论述了法治胜于人治,他认为"法治应包含两层意义:已成立的法律获得普遍服从,而大家服从的法律又应该本身是制定的良好的法律"。(亚里士多德.政治学[M].吴寿彭,译.北京:商务印书馆,2009:167.)

的"法治优于一人之治"(法治)之间的争论,这一场争论,解决了法治的定义和目标问题,从此法治成为西方延绵不断的文化传统;第二次是以洛克、卢梭为代表的自然法学派倡导的法治理想,它有力地批判了西方中世纪以来的神学统治、君权神授、封建专制制度,因此奠定了人民主权、三权分立、自由、民主、法治的资产阶级革命胜利的思想基础和资本主义战胜封建主义的制度架构;第三次是现代法学家向传统法治理论的抨击以及对现代法治的捍卫。[①] 在理论上捍卫法治的同时,西方的资产阶级展开了捍卫法治的斗争——资产阶级革命,以至到了今天,在法治建设完善的国家,全民在捍卫法治上已经成为自觉。

韦伯偏执地认为,"合理的成文宪法,合理制定的法律,以及根据合理规章或者法律由经过训练的官吏进行管理的行政制度的社会组织仅存于西方"[②]。诚然,法治对于中国来说是舶来品,事实上,鸦片战争失败后,中国不仅意识到学习西方先进科技的重要性,有些人也认识到西方民主法治软实力的重要性,比如,严复翻译了孟德斯鸠的《论法的精神》,康有为、梁启超更是发起戊戌变法运动。此后,法治理论由沈家本来继承与发扬,他不仅翻译西方文献,还与武廷芳一起修律,可惜遭到所谓"礼教派"的反对,被后者认为不符合中国国情。

到了孙中山,他提出"五权宪法"与"三民主义",以及推翻封建制度并制定《临时约法》,都是在践行他的法治理论。"夫法律者,治之体也。权势者,治之用也。体用相因,不相判也。"[③]中华人民共和国诞生后,我们建立了人民当家做主的政权,甚至还确立了社会主义制度,虽然直到改革开放,中国的法治之路几乎停滞不前,甚至可以说是倒退,但我们在这样的环境下努力寻找法治的出路。在这样的零法治基础上,捍卫法治的难度可想而知。20世纪80年代以来,中国逐步建设法律体系,在经历绝望、挣扎、失败后,我们已经初步建成了中国特色社会主义法律体系,我们一直在追求公平正义的法治道路上战斗。时至今日,对于法治,我们初步形成了以下共识:法治既包括公平、正义、人权、民主、自由等价值追求,也包括为了实现这些价值所必需的法律原则与规则,如法律具有一般性、明确性,法律应该相对稳定,法

[①] 徐爱国.为法治而斗争:批苏力的《法治及其本土资源》[EB/OL].[2002-7-31].http://article.chinalawinfo.com/ArticleHtml/Article_19835.html.

[②] 马克斯·韦伯.新教伦理与资本主义精神[M].彭强,等译.西安:陕西师范大学出版社,2002:14.

[③] 孙中山.孙中山全集:第1卷[M].北京:中华书局,1981:236.

律必须公布,法无明文规定不为罪,法不溯及既往,法律审判必须公正和公开,法官公正独立以及自由裁量权的慎用等。

中国真正的法律革命和法治发展之路概括起来包括:第一次是孙中山领导的辛亥革命,结束了中国两千多年的封建制度,建立了亚洲第一个共和国,孙中山的"五权宪法"以及《中华民国临时约法》都是在践行他的法治理论;第二次是中华人民共和国的成立,建立了人民共和国,确立人民当家做主的社会主义制度;第三次是党的十一届三中全会以后,我们经历了由人治与法治、法制与法治、由社会主义法律体系向法治体系的讨论,确立了全面依法治国,建设法治中国的新征程。我们在法治的道路上一直探索,即使遇到了一些困难,我们依旧在努力克服,我们法治的道路可能是曲折的,但前景一定是光明的,因为我们一直在为追寻绝大多数人的共同利益努力着。

全民捍卫法治就是为权利而斗争。法治维护秩序、保护权利。可以说,捍卫法治就是"为权利而斗争"。耶林最早发出了"为权利而斗争"的呐喊,他认为"权利,一方面从法律内获得自己的生命;另一方面,也反过来给予法律以生命。客观的和抽象的法与主观的具体的权利之间的关系,可以比喻为从心脏流出来又流回到心脏的血液循环"[①]。保护受到威胁的权利不但是权利者个人的义务,也是对国家的义务。因为"权利者通过保护自己的权利,同时也捍卫了法律"[②]。所以,"护法"通过"争权"得以实现,这既是权利,也是义务。

既是战士,我们深知需要捍卫的对象是法治。那么一切破坏法治的思想与行为就是要斗争的对象。一直以来,法治直面的最强大的敌人乃是人治。亚里士多德主张"法治优于一人之治"[③]。但是人治的思想和行为仍潜伏在法治社会之中。人治的弊端来源于人性的弱点或丑恶,想要克服绝非易事。为了防止法治社会中的人治思想与行为,需要把权力关进"笼子",加强制度建设、规范程序规则、健全监督体系,尽量减少人治可以运作的空间。除了来自外部人治的挑战和威胁外,在主张权利、维护权利时,也要善于运用法律武器。通过法治的方式保护自己,不是通过法律以外的途径来解决纠纷,也不是视法律如无物、忍气吞声放弃权利。川岛武宜指出,为权利而斗争"是近代的自觉的主体人格的呐喊,在这个意义上,它是一种有伦理价

[①] 鲁道夫·冯·耶林.为权利而斗争[M].胡宝海,译.北京:中国法制出版社,2004:52.
[②] 何勤华.耶林法哲学理论述评[J].法学,1995(8):38-40.
[③] 亚里士多德.政治学[M].吴寿彭,译.北京:商务印书馆,1965:167-168.

值的行为"①。而权利涉及公共权力与个人权利之间的关系,个人权利与个人权利之间的关系。必须妥当处理才能捍卫法治。

捍卫法治的方式应当剧烈还是温和?耶林在《为权利而斗争》一书中开篇提到,"法的目标是和平,而实现和平的手段是斗争。只要法必须防御来自不法的侵害——此现象将与世共存,则法无斗争将无济于事。法的生命是斗争,即国民的、国家权力的、阶级的、个人的斗争"②。如果斗争无限度地展开,法治也将面临"是和非以及公正与不公正的观念在这儿都不存在"③。斗争的目的是维护法治、保障利益,并非斗争主体之间同归于尽。在对法治存在共识的前提下,应当尽量用理性的方式,通过商谈、协商来制定规则以解决纠纷。④ 虽说"沟通理性将道德要求看作必须服从的最高命令,它不仅注重行为的可能性和目的性,而且把道德原则作为自己的前提,在讨论和协商的基础上形成共同的价值观念和普遍性的伦理与法律规范"⑤。各行为主体能在一种沟通与对话的环境中,不以权力和金钱为媒介,而是以语言为中介,通过表达各自的意见,在交流与沟通、协作与商谈、理解与宽容的基础上达成普遍性共识,逐渐形成共同的行为规范。"徒法不能以自行"。法律的生命在于实施,法治文化的价值在于行动。法治氛围为法治文化的行为认同提供场域,而民众对于法治认同的形成更是法治氛围的表现之一。

第二节 法治价值观的确立

法治氛围是法治价值观在全社会得以确立的社会状态。在这样的社会状态下,法律成为调整民众之间利益关系最重要的社会规范。法治被视作治国理政的基本方式。"服从法律的统治,实现依法治国,这是现代国家与文明社会的普遍价值追求。"⑥党的十八大报告强调指出:"倡导富强、民主、文明、和谐,倡导自由、平等、公正、法治,倡导爱国、敬业、诚信、友善,积极培

---

① 川岛武宜.现代化与法[M].王志安,等译.北京:中国政治大学出版社,1994:56.
② 鲁道夫·冯·耶林.为权利而斗争[M].胡宝海,译.北京:中国法制出版社,2004:12.
③ 霍布斯.利维坦[M].黎思复,等译.北京:商务印书馆,1985:96.
④ 龚廷泰.法治文化的认同:概念、意义机理与路径[J].法制与社会发展,2014(4):40-50.
⑤ 尤尔根·哈贝马斯.交往行为理论:行为合理性与社会合理化[M].曹卫东,译.上海:上海人民出版社,2004:314.
⑥ 袁久红.社会主义法治价值观的科学阐释[J].唯实,2014(12):23-25.

育和践行社会主义核心价值观。"十八届四中全会通过了《中共中央关于全面推进依法治国若干重大问题的决定》,其中对社会主义法治价值观作了科学、生动、深入的阐释,法治价值观的确立,也是法治社会和法治氛围形成的重要标志之一。

一、法治:社会重要的价值取向

价值取向(Value Orientation)是指一定主体基于自己的价值观在面对或处理各种矛盾、冲突、关系时所持的基本价值立场、价值态度以及所表现出来的基本价值倾向。其主要特点包括:首先是社会性。这是因为人的本质属性是社会性,此乃价值取向最核心的维度。其次是科学性。价值取向要正确反映自然规律与社会历史发展的客观规律。最后是可行性。价值取向需要具备一定的社会物质生活条件,以及人的主观因素,包括人的价值需求、价值目标、价值选择、价值评价、价值标准和价值实践的科学性和可实现性。德国哲学家 E.施普兰格尔区分了6种理想价值型编制,分别是理论的(重经验、理性)、政治的(重权力和影响)、经济的(重实用、功利)、审美的(重形式、和谐)、社会的(重利他和情爱)及宗教的(重宇宙奥秘)。① 对于价值观的选择就是我们需要解决的价值取向问题。

全球化的浪潮扑面而来,信息传播的渠道之广、速度之快、影响之大超乎想象。在当前这个传统文化与现代文化交织、外国文化与本土文化碰撞的时代,价值观念多元是不争的事实。"民众社会地位不同、需要的性质及满足程度不同、所受教育的内容和程度不同,就会有不同的价值观念。在人类社会发展的不同阶段有不同的价值观念,不同民族有不同的价值观念,在同一社会中不同阶级、不同阶层的民众也具有不同的价值观念。"②客观地说,"价值观的多样性是平衡生活的先决条件"③。就如约翰·格雷所指出的,"价值多元主义是一种旨在忠实于伦理生活的观点。如果伦理生活包含有无法理性地决定的价值冲突,这就是一个我们必须接受的事实,而不是某种我们为了理论的一致性而应该清除的东西"④。社会转型导致了社会文化

---

① 郭莲.文化价值观的比较尺度[J].科学社会主义,2002(5):53-55.
② 马俊峰.近年来价值观念研究综述[J].哲学动态,1998(7):3-5.
③ 阿诺德·盖伦.技术时代的人类心灵[M].何兆武,何冰,译.上海:上海科技教育出版社,2008:98.
④ 约翰·格雷.自由主义的两张面孔[M].顾爱彬,李瑞华,译.南京:江苏人民出版社,2005:46.

和民众精神结构的大变动,利益冲突、利益分化导致了社会价值观念的分裂,社会群体在自身价值取向、道德认同等诸多方面陷入两难境地。以前社会倡导的价值标准和民众现实实践中所奉行的价值与行为准则难免产生背离,导致整个社会发生价值观念的错乱,甚至短期内的"恶化"现象。社会群体的价值困惑乃是社会不稳定的深层原因。

法治是社会重要的价值取向,市场经济的发展和法治社会的建构,是法治价值观确立的客观需求。这是因为"市场经济必然意味着法治化的法律经济,市场精神就是法治化的法律精神和利益精神。经济的市场化取向必然是民族精神对公平竞争的市场精神及由此决定的法治精神的转换。……当一个民族选择了民主政治时,其精神价值取向必然指向法治精神,主精神就是法治精神。中华民族对政治民主化的抉择,其实是对政治法治化的抉择,亦即对法治精神的抉择"①。随着市场经济的发展、社会结构的变动,使得社会公平等问题逐渐凸显出来。在社会转型、改革发展的关键时期,法治对于维护社会的稳定发展以及减少社会的风险动荡至关重要。

事实上,法治发展的模式与形态具有多样性,"在这些不同的法治发展模式与形态下,自然就会有不同的法治价值观,英美国家、东亚国家、中东国家、拉美国家的法治价值观也会千差万别"②。全球法治发展的动态性与多样性使得"西方本身已经开始怀疑传统法律幻想的普遍有效性,尤其是它对非西方文化的有效性"③。即使如此,各国法治都包含着共同的最低标准与法治精神,"作为最低标准,法治要求建立一个使政府和人民都平等地受到法律的有效约束的体制。在这种体制中,法律是根据预先确定的制度制定的,并且是普遍的和公开的"④。并且,人权应受到普遍的尊重与保护,也就是说只有被治理者基本上实现自由,法治才有意义。⑤

法治作为社会重要价值取向在当下中国具有最广泛的共识。这是因为:

---

① 谢晖.法治:中华民族精神转换的主导价值取向[J].政治与法律,1995(3):29-32.
② 马长山."全面推进依法治国"需要重建法治价值观[J].国家检察官学院学报,2015(1):3-12,172.
③ 伯尔曼.法律与革命:西方法律传统的形成[M].贺卫方,等译.北京:中国大百科全书出版社,1993:39.
④ 切丽尔·桑德斯.普遍性和法治:全球化的挑战[M]//夏勇,等.法治与21世纪.北京:社会科学文献出版社,2004:273.
⑤ 埃尔哈特·丹尼格.新世纪初期的法治:关键问题、主要趋势与未来发展[M]//夏勇,等.法治与21世纪.北京:社会科学文献出版社,2001:292.

第一,法治价值取向是中华法律文化理性化的现代转换。现代法治是人类在总结长期以来的政治统治和社会管理经验基础上创造的理性结晶,它不仅是一种政治理性和政治智慧,而且凝聚着整个社会的实践理性和社会智慧。现代法治的理性特征与中华法律文化现代转型的理性要求正相契合。法治精神作为理性精神,其所倡导的是主体的普遍自主和严格自律,依法治权正是权利主体自主自立于权力主体面前的结果;而依法管理亦是权力主体与权利主体共同对法律认可,并以其为精神及行为准则的结果。

第二,社会群体交往互动有利于凝聚法治价值共识。在哈贝马斯看来,解决危机的途径就是沟通。维系一个民族长期存在和发展的往往是民众内心的价值积淀。在讨论和协商的基础上形成共同的价值观念和普遍性的伦理与法律规范。

第三,中国法治建设的长足进步,为法治价值取向的发展提供了现实条件。随着民众对法治认识的深化,一套和法治要求相一致的理论体系、价值观念、行为模式等逐步在建立,弘扬法治精神不仅成为社会精英阶层的强烈呼唤,也成为全党、全国人民的共同心声。因为理性化的法治精神正在支持着一个历史悠久的文明古国,走向中华民族实现伟大复兴之路。此外,其他国家现代化进程也为我们提供了可以借鉴的历史经验。

二、法治:居于社会价值序列的重要位阶

海德格尔指出,"有关有价值物的存在,价值述语的附加丝毫不能提供什么新的启发。它只是又预先为有价值物设定了纯粹现成在手状态的存在方式。价值是物的现成的规定性。价值的本体论起源最终只在于把物的现实先行设定为基础层次"[①]。无论从什么样的角度来界定,价值总离不开人所在的这个关系世界,离不开人对对象的选择和评判。这种选择和评判决定了人对评价对象的态度和行为模式,规定了人与对象之间的耦合方式与关联程度。因此,这个过程说到底其实就是一个对价值原则进行选择和排序的过程,是一个人的心灵状态追求价值目标的意向性过程。

价值排序是一种内在价值秩序,对于思维冲突具有指向作用,当"多种价值观相冲突时,别的价值观要从属于主导价值观。……几乎达不成任何

---

① 海德格尔.存在与时间[M].陈嘉映,王庆节,译.北京:生活·读书·新知三联书店,1987:123.

和解,只能是服从"①。儒家以"仁"为最高原则、道家以"道"为最高原则、法家以"法"为最高原则,儒法道在各自的哲学体系中主张各自的"最高价值准则",这是他们的价值排序。凯克斯曾言:"在道德冲突的解决方案中,需要引入'价值排序'的范畴和方式。因为排序依据是根据价值本质的特点,主要价值优先于次要价值,这样在道德冲突的时候,能够确立所有价值类型的排序方式,建立其价值秩序。"②此外,近些年来,国内许多学者也开始将"价值排序"作为一个新的研究范畴和思维方式加以关注。有学者指出,在发展标准的问题上要进行价值排序:"确立发展的标准,并依据发展的标准而确认实践中的价值排序和行为选择,具有不容回避和不可忽视的巨大的实践意义,并构成马克思主义在当代的重大课题。"③社会生活中有何价值序列,法治又处于何种位阶?

(一) 价值排序的必要性

一是建立完善价值体系的客观需要。价值多元是不争的事实,然而价值理念之间存在着矛盾和悖论,并非完全和谐一致。比如公平与效率的矛盾、自由与平等的矛盾,甚至不同的民族、不同国家对价值优先性的理解都不一样,"英美比较注重自由与法治,法国突出民主,东亚注重发展和富强。不同的现代性,隐含了价值优先性的差异"④。可以说,价值的多元性以及价值排序的差异性客观存在。所以,建立完善的价值体系,对社会价值作出排序有利于解决多元价值理念之间固有的矛盾,有利于多元价值理念之间维持一种并行不悖的秩序。因此,价值排序是完善价值体系的理论建设需求。

二是社会发展的客观需求。"现代化、经济发展、城市化和全球化使得民众重新思考自己的认同和身份"⑤,任何社会的发展,都是基于一定的价值理念或原则的指导。它们直接作用于社会发展的目标设计、方向选择,决定并影响一个社会发展的层次与品位。所以,有必要对社会价值进行排序。若一个社会价值理念互相摩擦,无法形成较为统一与稳定的价值理念。那么,整个社会可能会失去连续而确定的目标。因此,价值排序是社会发展的需求。

---

① 阿诺德·盖伦.技术时代的人类心灵[M].何兆武,何冰,译.上海:上海科技教育出版社,2008:97.
② Kekes J. The Morality of Pluralism[M]. Princeton: Princeton University Press,1996:44-47.
③ 孙正聿.马克思主义基础理论研究[M].北京:北京师范大学出版社,2011:7.
④ 秦晓.当代中国问题:现代化还是现代性[M].北京:社会科学文献出版社,2009:154.
⑤ 塞缪尔·亨廷顿.我们是谁:美国国家特性面临的挑战[M].程克雄,译.北京:新华出版社,2005:11-12.

(二) 价值排序的前提

"每一个理性的价值排序(Ranking Values)必然要求凸显主要价值相对于次要价值的重要性。这里面是一个系列过程,必然涉及各种比较、判断、选择等。"①对于各种价值做出比较、判断、选择的前提是"价值清理"。"价值清理"需要在立足社会现实生活基础上,对各种价值理念进行筛选与梳理,厘清与现实生活本质旨趣合适的价值理念和原则,同时排除与现实生活本质旨趣相冲突的价值理念和原则。"价值排序"是在"价值清理"的基础上,确定已经理清的价值理念孰先孰后,按照优先次序进行的"词典性排列"。②

(三) 价值排序的影响因素

从根本上说,价值观形成的基础是人类最基本的需要,马克思指出,"'价值'这个普遍的概念是从民众对待满足他们需要的外界物的关系中产生的"③。这种需要是人类获取最基本生活资料的需要。随着物质水平的提高,基于这种需要之上的价值标准也将随之不同。另外,价值排序与社会文化背景、主体经验以及具体的行动情境也紧密相关。价值排序中道德主体的要素(比如情感、目的、欲望、偏好、需求等)直接左右具体事件的价值排序。"价值的最终实现与社会环境相关,也与价值主体相关,其中,与价值主体的相关性,主要就体现在价值实现的过程是道德主体对于价值的认知、选择、践行的过程。"④

(四) 法治在社会价值中的位阶

社会价值体现了一种主客体之间的关系,无论其内容还是目的,都必须符合人的需要,以人作为本体设立与排序。马克思从社会生产实践入手,深刻分析了价值主体、价值客体及价值关系是如何在实践中形成与发展的;并且将"现实的个人"作为价值问题的落脚点,将"人类社会"作为研究价值问题的最终目的。可以说,"马克思主义的价值理论坚持理论与实践相统一的基本原则,就是坚持从人类的实践生活出发,按照价值的本来面目及其产生情况来理解价值问题,用经验的事实来讨论和论证价值与评价的关系以及价值观念不断变化等一系列的问题"⑤。马斯洛的需求层次理论表明人的需

---

① Kekes J. The Morality of Pluralism[M]. Princeton: Princeton University Press,1996:47.
② 贺来."价值清理"与"价值排序":发展哲学研究的中心课题[J].求是学刊,2000(5):14-17.
③ 马克思,恩格斯.马克思恩格斯全集:第19卷[M].北京:人民出版社,1963:406.
④ Raz J. The practice of value[M]. Oxford: Oxford University Press,2005:27-29.
⑤ 马俊峰.马克思主义价值理论研究[M].北京:北京师范大学出版社,2012:21-22.

要是由低向高逐级发展的,人的基本需求的价值一般高于高级需求的价值。同时,在价值排序时需坚持这几个原则:主体原则、实效原则、发展原则[①]。据此,社会价值中的价值排序应当按照以下顺序:① 自由价值;② 生命价值;③ 健康价值;④ 生态价值;⑤ 法治价值;⑥ 效益价值。

自由价值。依照主体的需求,自由代表了人的最本质的人性需要,它是社会价值的顶端;自由是人之所以为人的重要标志,是人区别于动物的重要特征。"人性中似乎存在着一种难以驾驭的意向……这种意向要求获得一定的自由。"[②]卢梭认为,一个人"放弃自己的自由,就是放弃自己做人的资格,就是放弃人类的权利,甚至就是放弃自己的义务"[③]。自由乃是马克思和恩格斯为之终生奋斗的价值追求,"代替那存在阶级和阶级对立的资产阶级旧社会的,将是这样一个联合体,在那里,每个人的自由发展是一切人的自由发展的条件"[④]。自由被视为人类的一种原初状态,是一种国家与社会不能限制,更不能压制的价值。"要求自由的欲望乃是人类根深蒂固的一种欲望。"[⑤]基于此,为了主体与客体之间可以达到一种和谐的状态,人类社会的任何制度设计均不能有悖于人的自由本性,并且保障其首要价值地位。

生命价值。生命的价值是生存发展的基础,生命价值是人从生到死所产生的全部正效应的总和。生命价值必须优先是因为:首先,生命价值是唯一的、有限的、不可逆的,生命的丧失无法挽回,是终极性的。对于任何个人而言,生命价值都无限大。没有一个人的生命高于另一个人的生命,人的生命价值是无法用任何物质或金钱衡量和换取的。其次,生命价值是其他一切价值的基础,自然生命是一切价值得以存在的基础与依托。"全部人类历史的第一个前提无疑是有生命的个人的存在。因此,第一个需要确定的具体事实就是这些个人的肉体组织。"[⑥]生命价值是行使其他权利的前提条件,同时也是人类社会存续、发展的基本前提。

健康价值。健康的利益高于享乐的利益。"健康可以解释为社会化的

---

① 李德顺.价值论:一种主体性的研究[M].北京:中国人民大学出版社,2013:20.
② 博登海默.法理学:法律哲学与法律方法[M].邓正来,译.北京:中国政法大学出版社,2004:280-281.
③ 卢梭.社会契约论[M].何兆武,译.北京:商务印书馆,2003:12.
④ 马克思,恩格斯.马克思恩格斯选集:第4卷[M].北京:人民出版社,1995:730.
⑤ 博登海默.法理学:法律哲学与法律方法[M].邓正来,译.北京:中国政法大学出版社,2004:278.
⑥ 马克思,恩格斯.马克思恩格斯选集:第1卷[M].北京:人民出版社,1995:67.

个人完成角色任务的能力处于最适当的状态。"①健康的生活是民众普遍追求的目标之一,也是提升民众享受自由的一个过程,健康本身就具有深刻的内在价值。同时,健康拥有强大的工具性价值。健康促进民众的可行能力以及社会的发展。这些可行能力以及社会的发展包括增加个人收入,增加受教育机会,提高劳动生产率,促进经济增长,甚至包括影响生育率等。

生态价值。当生态安全影响到当代人或下代人的生存发展时,生态价值应当高于个人或者企业开发资源获取利益的价值,生态价值是实现人的价值的必备条件。生态与人类的生活品质以及人类福祉关系密切。生态价值本身无法通过直接的经济单位进行衡量。另外,生态一旦遭到破坏,人类就需支付相当大量的资本与劳动力来恢复其价值。生态价值首先提供人类基本生存环境,是人得以生存发展的前提,社会的发展亦受制于生态。其次,保护生态是敬畏自然的表现,从社会发展的长远利益出发,敬畏自然、尊重自然规律是唯一选择,不然人类将会遭到自然界的无情惩罚和报复。

法治价值。在满足人的基本需求的前提下,追求体现实效的价值,比如法治。法治价值是"法这种规范体系(客体)有哪些为人(主体)所重视、珍视的性状、属性和作用"②。法治价值表明了对于人类的正面意义,法治属性中为民众所重视、珍惜的部分,"民众制定了法令来建立'公平施政',在许多国家里,法院也被称为'公平之宫'"③。当处理纷繁复杂的社会关系时,法治成为民众的一种期待,否则社会的对抗、摩擦和斗争必然会加剧。法治是实现人对实效价值追求的最重要的一种价值。

效益价值。对于经济价值的追求体现了发展的原则,效益价值应当是经济价值的核心。一个良好的社会应当是公正有序的社会,同时还必须是讲效益的社会。从经济学的角度看,效益乃是"以最少的资源(包括自然资源和人的资源)消耗取得同样多的效果,或用同样的资源消耗取得较大的效果"④。在市场经济发展中,通过"投入"与"产出"之比以期获取一定收益,从而创造以及实现效益。

---

① 沃林斯基.健康社会学[M].孙牧虹,等译.北京:社会科学文献出版社,1999:124.
② 李步云.法理学[M].北京:经济科学出版社,2000:58.
③ 彼得·斯坦,等.西方社会的法律价值[M].王献平,译.北京:中国法制出版社,2004:86.
④ 张文显.当代西方法哲学[M].长春:吉林大学出版社,1987:242.

三、实现法治:社会共同的价值追求

"法治是一个能够统摄社会全部法律价值和政治价值内容的综合性概念。实现法治,也即实现这些价值;法治的实现,也标志着这些价值的实现。"[①]如西塞罗所言,"法律是植根于自然的、指挥应然行为并禁止相反行为的最高理性(reason)……这一理性,当它在人类的意识中牢固确定并完全展开后,就是法律"[②]。当下中国的法治建设应当是由"各类社会主体"共同参与的事业,实现法治是社会共同的理想追求。"理想信念,是一个政党治国理政的旗帜,是一个民族奋力前行的向导。"[③]有学者指出,法治的十大规诫包括:① 有普遍的法律;② 法律为民众知晓;③ 法律可预;④ 法律明确;⑤ 法律无内在矛盾;⑥ 法律可循;⑦ 法律稳定;⑧ 法律高于政府;⑨ 司法威权;⑩ 司法公正。[④] 实现法治的共同理想具有广泛的代表性,是全体中国人民认同和追求的。实现法治的共同理想,是实现民族伟大复兴的必由之路,是全国各族人民团结奋斗的强大动力。

实现法治是全体社会成员的共同需求。法治氛围的确立基于全体公民的共同努力。实现法治涵盖了民族的梦想和个人的梦想,既有对每个人的梦想和追求的尊重,又凝聚和激励着全体中国人民的共同理想与追求。因此,对于中国人民来说,汇集力量去实现法治的动力是强烈且迫切的。在一个法治社会里,社会主体能够预期自己行为的法律后果,能够平等地参与竞争,通过自身的勤勉奋斗,实现人生目标。公民要追求自由与平等,离不开法治的保障;行政机关和司法机关要有效协调社会矛盾,必须依法履行职能。实现法治就是实现民主、公平正义以及自由平等,这些都是人类共同追求的理想和目标。

民主是对权力的监督和制约。任何政府如果不加以监督,任何权力如果不加以制约,都会蜕变和腐化,绝对的权力产生绝对的腐败。我们之所以发展民主,就是要把党内民主和国家政治生活的民主加以制度化、法律化,保障宪法赋予人民的各项民主权利,建立有效制约权力、并创造条件让人民

---

① 刘作翔.实现法治:我们的理想和追求[J].政治与法律,1996(5):1.
② 西塞罗.国家篇法律篇[M].沈叔平,苏力,译.北京:商务印书馆,1999:151.
③ 庞雪松.关于社会主义核心价值体系的理论思考[J].黑龙江省社会主义学院学报,2009(3):49-52.
④ 夏勇.法治是什么:渊源、规诫与价值[J].中国社会科学,1999(4):3-5.

监督的制度。人民是国家一切权力的源泉,领导者应该相信人民的判断能力和选择能力,从而依靠人民。

公平正义是社会主义制度的首要价值。公平正义是全体公民对法治社会的呼唤。权力的扩张,金钱的收买,都可能在走向社会公平的道路上制造陷阱。为公平正义扫清障碍的,正是不计较出身、不因权贵而扭曲的法治。如果一个社会的经济发展成果不能真正为大众所分享,那么它在道义上是不得人心的,而且势必威胁社会稳定。必须毫不动摇地改善民生,改革分配制度,缩小贫富差距,使广大人民共享改革和发展的成果。还要看到,我们追求的目标不仅是经济的发展,而且是人的自由平等和全面发展,是整个社会的进步。要满足人民日益增长的物质、文化和精神需求,保障每个公民的自由平等和发展权利,让每个人生活得有尊严、有安全感、有幸福感。

中国要有一个真正光明的未来,必须发挥全体人民群众的积极性,特别要鼓励人民的创造精神,提倡独立思想和批判思维。所以,实现法治是一个能在民众心中激起共鸣的目标,是当今中国最能充分凝聚共识、体现人心所向、催生强烈奋斗动力的共同梦想。实现法治得到国际社会的理解和认同,由此也使全世界的民众都清楚地认识到:中国实现法治的过程不仅是一个造福于中国人的过程,同时也是一个不断给世界带来积极影响的过程。

第三节 法治秩序得以形成

法治秩序,即为符合法治价值要求的社会秩序。法治氛围是在践行法治的过程中形成的社会状态和气氛,它是在法治价值观指导下的法律行为弥漫在法治的时间与空间所形成的状态和气氛,是一种追求社会和谐安定的法治秩序的社会氛围。法治秩序的形成是民众对于法治行为的认同,是法治中国建成的标志之一。法治秩序是法律规范调控的结果,"是法律调整的最终结果,是法律实现的终点"[①]。法律"旨在竭力巩固和发展社会主义的各个方面——经济、政治、思想意识,旨在……执行与指挥活动过程中所产

---

① 刘旺洪、夏锦文.论法律秩序[J].南京社会科学,1991(3):69-73.

生的社会关系"①。良好的法治秩序标志着社会拥有良好的法治氛围。法治必须落到实处,因而法治秩序的建立是法治的必备要求。社会法治秩序得以形成的表现包括社会关系调整以法律为主、公民权益保障靠法治手段以及社会纠纷排解靠法治方式。

一、法律:调整社会关系的主要手段

(一) 法律调整什么样的社会关系

社会"是民众交互作用的产物"②,有社会就有矛盾。马克思主义哲学认为:社会关系是民众在共同的物质和精神活动过程中所结成的相互关系的总称,即人与人之间的一切关系。"社会关系,是民众在共同活动中所形成的关系。社会关系的构成,都是以人的行为为纽带或者说为其外壳的。社会关系的实质内容是关系参与人一方或各方的利益。"③人类社会自产生以来,为了调和民众之间的矛盾,调整社会关系,人类不断改良适合社会发展的规范。在原始社会,人们主要靠习惯来维护社会秩序、调整社会关系;到了阶级社会,人们逐渐形成了习惯、宗教、道德、团体规章、法律这些不同性质与功能的规范体系来调整社会关系。"现代社会中的法律因其具有其他社会控制手段所无与伦比的技术可操作性而成为最佳的社会关系调整器。"④

从社会学角度来看,"一切社会问题都是社会控制的问题"⑤。对于社会关系的调整问题即庞德笔下的社会控制问题。正是这种控制,"使民众得以继承这个世界并保有和增加他们所继承的东西"⑥。为了维系文明,为了使"人类文明得到最大可能的展现"⑦。社会控制一词最早由美国社会学家爱德华·罗斯使用。"在他看来,社会控制是指社会对人的动物本性的控制,以限制民众发生不利于社会秩序的行为。"⑧这也是庞德所说的"民众对内在

---

① C.C.司徒节列金.苏维埃行政法(总则)[M].中国人民大学国家法教研室,译.北京:中国人民大学出版社,1955:3.
② 马克思,恩格斯.马克思恩格斯选集:第4卷[M].北京:人民出版社,1995:320.
③ 黄建武.论作为法律调整对象的社会关系[J].中南政法学院学报,1991(1):22-25.
④ 秦国荣.法治社会中法律的局限性及其矫正[J].法学,2005(3):28-39.
⑤ 社会学辞典[M].上海:上海辞书出版社,1992:282.
⑥⑦ 罗斯科·庞德.通过法律的社会控制[M].沈宗灵,译.北京:商务印书馆,2010:10.
⑧ 丁卫.法律与社会控制[J].云南大学学报,2007(6):119-125.

本性的控制"①。因为要调和人与人之间的利益、矛盾、冲突,所以我们有必要进行社会控制。"社会控制分外在控制和内在控制两种不同形式,……强制性的社会控制形式,在社会控制中发挥主导作用"②。外在控制方式有政权、法律、宗教、道德、迷信、风俗、舆论、礼节等;而内在控制方式主要指个人的自我约制,所以"压抑力和约束力是所有社会控制形式的共同特点"③。和庞德一样,布莱克也赞同"法律是政府的社会控制,或者说它是国家和公民的规范性生活,如立法、诉讼和审判"④。在庞德看来,到了近代世界,"法律成了社会控制的主要手段"⑤。

马克思主义哲学依据各种社会关系之间的从属关系,把社会关系分成物质关系和思想关系两个层面,"思想关系只是不依民众的意志和意识为转移而形成的物质关系的上层建筑,而物质关系是民众维护生存的活动的形式(结果)"⑥。然而,作为社会关系调节器的法律是调整什么样的社会关系呢?法律调整的对象是社会关系,但并非直接调整所有的社会关系。社会存在和社会意识是唯物史观的一对基本范畴,"民众的存在就是他们的现实生活过程"⑦。笔者认为,法律通过直接调整民众社会生活的物质方面,规范民众的行为,从而间接达到对于意识方面的调控。反过来,对于意识的影响也将反作用于民众社会生活的物质方面。法律之所以能够成为调整社会关系的主要手段,从主观上看,是统治阶级调整社会关系的需要;从客观上看,是社会关系有被法律调整的可能性。

调整社会关系的方式众多,且法律有其自身的局限性,但为何成为最主要的方式?这是因为法律对社会利益的维护最普遍。法律面前人人平等,没有任何人或者组织拥有超越法律的特权。"人类必须有法律并且遵守法律,否则他们的生活将像最野蛮的兽一样。"⑧功利主义提倡追求一种"最大幸福",这是由人的"避苦求乐"的本性所决定的。

---

① 罗斯科·庞德.通过法律的社会控制[M].沈宗灵,译.北京:商务印书馆,2010:10.
② 张光博.社会学词典[M].北京:人民出版社,1989:315.
③ 社会学辞典[M].上海:上海辞书出版社,1992:315.
④ 唐纳德·布莱克.法律的运作行为[M].唐越,苏力,译.北京:中国政法大学出版社,1994:5.
⑤ 罗斯科·庞德.通过法律的社会控制[M].沈宗灵,译.北京:商务印书馆,2010:12.
⑥ 列宁.列宁选集:第1卷[M].北京:人民出版社,1995:18.
⑦ 马克思,恩格斯.马克思恩格斯选集:第1卷[M].北京:人民出版社,1995:72.
⑧ 法学教材编辑部,西方法律思想史编写组.西方法律思想史资料选编[M].北京:北京大学出版社,1983:27.

(二) 法律形成社会秩序的方式是社会文明进步的表现

文明是社会发展进步水平的一种状态,这种状态不是自然而然形成的。相对于野蛮时期用同态复仇的暴力手段解决人与人之间的争端而言,文明社会解决人与人之间的争端方式更多是人与人之间的一种谈判与妥协,而依靠法律手段和法治方式解决争端,则是社会文明进步的重要标志。在理性的控制和支配之下,民众在利益冲突面前表现出克制与妥协。同态复仇或者其他简单粗暴的争抢利益的方式要么是零和博弈[①],要么是博弈双方或一方失去了某些利益而换得了仅剩的那些利益,无论是哪种形式,它们都不可能达到双赢的局面。只有在理性控制和支配下的克制与妥协才能将受损利益止于最小,从而实现双赢。整个社会也是在这样的模式之下,实现了绝大多数人利益的最大化。"如果民众必须随时武装自己并经常害怕受到攻击"[②],那么整个社会的生产力将会急速下降,因为民众的大部分时间和精力将会用于守护既得利益,而不是生产创造新的有价值的社会产品。所以,在文明社会,民众可以通过法律"控制他们所发现和占有的东西,他们自己劳动的成果和他们现行的社会和经济秩序下所获得的东西"[③]。

(三) 法律对社会稳定的保障最有效

发挥法律的强制作用是保证社会稳定的基本条件,发挥法律的一系列作用是防控社会陷入紊乱无序状态的最有效方式。通过法律实现对社会的有效控制,这是现代社会调整社会关系、处理社会矛盾、化解社会矛盾的一种行为准则。法律规范社会成员的行为,提供处理有关社会矛盾的原则和方法,使其在法律范围之内活动,以实现法律的作用。法律的规范作用具体包括法律指引、法律评价和法律预测。发挥法律的教育作用是维护稳定的必要手段。法律的教育作用是通过法律的实施,对一般人今后的行为造成影响来实现的。社会稳定需要强化对社会成员的法治宣传教育,实现法律的教育作用就是提高社会成员法律意识和素质,以此筑造社会稳定的主体基础。而仅借助法律强制作用,依靠"严打"来维护社会稳定,既不能巩固,也不能持久。法律强制只是治标,法治教育才是治本,两者是相互联系、相辅相成的辩证关系。

[①] 零和博弈(Zero-sum Game),又称零和游戏,与非零和博弈相对,是博弈论的一个概念,属非合作博弈。指参与博弈的各方,在严格竞争下,一方的收益必然意味着另一方的损失,博弈各方的收益和损失相加总和永远为"零",双方不存在合作的可能。(http://baike.baidu.com/link?url=1_EPZecRhju9RsO3e7t7Y6QnfxVWEHIkDBtvSO5i6eSgyssLipukOJWoziUj7I0nY8noFF3vn3WxoqHaou7Kq_)

[②③] 罗斯科·庞德.通过法律的社会控制[M].沈宗灵,译.北京:商务印书馆,2010:10,68.

二、法治:保障公民权益的主要手段

良好的法治氛围是公民权利能够得到法律有效保护的一种社会状态。换言之,在法治氛围下,公民权益主要依靠法律手段和依法维权的方式来实现。公民权利是社会成员的个体自主自由在法律上的反映,是国家对公民所承诺和维护的权利,是一种社会所认可的赋予公民个体可做或可不做的自由,包括依照宪法和法律所享有的各种政治、经济和社会权利。在权利回归的道路上,公民意识的觉醒至关重要,成熟的公民责任意识应该是"一种平衡的政治取向……有政治活动,但不至于去摧毁政府的权威;有政治的参与和输入,但却是温和的;有政治纷争,但却是有节制的"①。

权利的实现离不开利益识别、确认和保障机制,离不开民主的立法程序、公正的司法程序和行政管理程序,以及法律规则的确认和保障。权利保障是建构法治秩序的正当途径,也是法律和政府权力合法性的根据,以及公共权力介入社会交往的根据和途径。权利保障是联结法律规则与行为选择的纽带。权利保障之于权利人而言,是法律的工具价值。

法律对利益的保障最终要依靠法律的强制力,这也是法律不同于其他社会控制手段的一个显著特征。"耶林说,背后没有强力的法治,是一个语辞矛盾——'不发光的灯,不燃烧的火'。法律包含强力。调整和安排必须最终地依靠强力。"②诚然,强制力支持着法律,法律的实施离不开强制力的保驾护航,但是法律同时也会被强制力所限。也就是说,除了强制力以外,法律的有效运转还需要其他外部手段来支持。庞德指出,"在我们生活的地上世界里,如果法律在今天是社会控制的主要手段,那么它就需要宗教、道德和教育的支持;而如果它不能再得到有组织的宗教和家庭的支持的话,那么它就更加需要这些方面的支持了"③。费孝通先生认为,"法治秩序的建立不能单靠制定若干法律条文和设立若干法庭,重要的还得看人民怎样去应用这些设备。更进一步讲,在社会结构和思想观念上还得先有一番改革"④。所以,庞德说:"一道法令要想得到执行,必须保证它在社会心理上的

---

① 余振华.澳门华人政治文化[M].澳门:澳门基金会出版,1993:128.
②③ 罗斯科·庞德.通过法律的社会控制[M].沈宗灵,译.北京:商务印书馆,2010:19;37.
④ 费孝通.乡土中国[M].北京:北京出版社,2011:59.

效能。"①

三、法治：社会纠纷排解的主要方式

荀子云："人生而有欲，欲而不得，则不能无求，求而无度量分解，则不能无争。"②稳定的社会秩序是社会发展的前提。社会主体主要依靠法治方式解决纠纷亦是法治氛围形成的标志之一。

（一）当前社会纠纷的性质和特点

"社会纠纷，是社会主体基于利益冲突而产生的一种双边（或多边）的对抗行为。社会纠纷不仅是社会成员个人之间的行为，也是一种社会现象。"③自人类社会产生以来，实现社会和谐，构建美好生活，始终是人类孜孜以求的一个社会理想。在一切有利益追求的社会中，社会纠纷是一种客观存在的现象，几乎是不可避免的。中国社会正处在快速转型过程中，经济体制和社会结构的双重转轨加剧了社会的分化，是社会纠纷的活跃期和多发期。新时期社会纠纷的特点包括：

社会纠纷类型多样化。随着经济和社会的发展，各种利益关系的调整，群众的维权意识不断增强，街道社区的矛盾纠纷也随之增多，且纠纷类型呈现多样化趋势。以往的社会纠纷主要是杀人、放火、盗窃等传统的刑事犯罪以及民间的婚姻、家庭、抚养、赡养、邻里、宅基地、民事赔偿、债务等。但随着社会的转型，贩毒、走私、挪用公款、破坏计算机网络系统、带黑社会性质的犯罪团伙等新型的犯罪开始产生；民间纠纷也注入了新的内容，如房屋拆迁、婚外恋、股权纠纷等。

社会纠纷主体多元化。过去社会纠纷的主体多为个人，现在社会纠纷参与者的构成明显复杂化。社会纠纷的主体可能是个人、集体、村委会，甚至是基层政府或政府部门及公务人员，特别是体现在当前的企业改制、征地拆迁和城市管理方面。

社会纠纷参与人数规模化。拆迁安置、征地补偿、企业改制、山林、水土纠纷等涉及群体利益产生的纠纷，极易由一般性矛盾演变为群体性纠纷。一些地方群体性纠纷参与人数动辄数十人，甚至上百人，而且组织化倾向比

---

① 罗斯科·庞德.通过法律的社会控制[M].沈宗灵，译.北京：商务印书馆，2010：123.
② 《荀子·礼论》.
③ 赫然、张荣艳.中国社会纠纷多元调解机制的新探索[J].当代法学，2014(2)：115-124.

较明显,有的群体性纠纷事件背后有组织者操纵指使,事前、事中和事后都有较为严密的组织领导和周密的行动计划。

诉求表达行为偏激化。群众上访时的对抗性强,期望值高,解决问题的难度越来越大。有的群众利用国家重大政治活动或政治敏感期,集体到北京、到省城上访,围堵冲击党政机关,静坐请愿,罢工罢课,阻塞交通。甚至出现辱骂殴打干警和政府工作人员的过激行为,以及自杀、自残的极端行为。

社会纠纷的特征发生变化的原因包括:首先,社会环境的变化。费孝通先生将传统社会称为"熟人社会"。在彼此相互了解、相互尊重的"熟人社会",民众在长期的共同生活中所形成的道德、习惯都得到了普遍地遵守,道德较好地发挥了约束与控制的功能。而在现代社会,随着交通的便利,人口的频繁流动,形成了一个"陌生人社会"。在这个"陌生人社会"中,彼此缺乏了解与信任,凝聚力的丧失使得社会成员之间缺乏自治与自律的意识,各种纠纷极易表面化或激化。其次,社会物质利益的丰富及利益主体的多元化。高速发展的经济创造了丰富的物质利益,对社会各个阶层的主体产生了极大的诱惑。在分配物质利益的过程中,权利主体基于各自的考虑必然会争夺最大的利益,纠纷由此产生。而利益主体的多元化又使纠纷显得更加复杂与不确定。最后,社会观念的变化。以儒家思想占主导地位的中国法律文化追求社会和谐和"无讼",鼓励民众"忍",凡事"以和为贵"。随着公民权利意识的增强,民众越来越多地依靠诉讼方式来维护自己的权利,导致诉讼"爆炸",法院面临巨大的"案多人少"的审判压力。"诉讼爆炸"是世界各国法院面临的一个共同的危机。在我国,社会呈现出滥用诉讼手段的倾向,为一点小事,寸步不让,动不动就打官司。"五毛钱官司""一块钱官司"也屡见不鲜。诉讼成了最主要的纠纷解决方式,司法机关已经不能满足解决社会纠纷的实际需求。在所有的纠纷解决方式中,司法是维护社会正义的最后一道防线。当今社会,民众在选择诉讼时,对诉讼的公正、效益还存在着诸多的怀疑与担忧[①],由此掀起了一次又一次司法改革的浪潮。

[①] 迄今,被学者们形容为制约诉讼发展的"瓶颈"主要有诉讼成本高、效率低下,司法腐败、裁判不公。

(二）诉讼的产生与发展

社会纠纷的存在是诉讼产生的根源，"由国家的审判制度取代私人复仇制度，这是人类文明发展进程中的一次伟大成就"①。随着私有制和阶级的出现，社会成员间的纠纷和冲突日益成为普遍现象，这威胁着社会存续所必需的生活秩序，"自力救济"已不能适应社会生活秩序的要求。因为单个力量在暴力斗争中体现得相当薄弱，而且每一次自力救济意味着更大的复仇性暴力的产生。因此，统治阶级迫切需要寻找一种较"自力救济"强有力的手段来协调权益纠纷。显然，作为统治工具的暴力实体——国家，一经产生便负有用强力缓和社会纠纷的使命。因此，统治者必然借助国家力量以自己的意志干预和解决社会纠纷。于是，国家权力中分离出了审判权，并由设定的机构执行，这种由国家设定机关，通过行使审判权，以第三者的身份来解决社会纠纷的活动，就是诉讼机制。

在中国社会矛盾加剧的社会转型时期，有效的多元化纠纷解决机制对预防、处理和解决社会纠纷矛盾极为重要和迫切。范愉教授认为，"多元化纠纷解决机制，是指一个社会中多样的纠纷解决方式（包括诉讼和非诉讼两大类型）以其特定的功能相互协调、共同存在，所构成的一种满足社会主体多种需求的程序体系和动态调整系统"②。纠纷主体价值观的多元是我们应当避免采取同一纠纷解决方式解决不同类型纠纷的主要原因之一，采用多元化纠纷解决机制，是解决社会纠纷的现实需要。每一种纠纷解决方式都不是"有百利无一害的"，每一种纠纷解决方式都有其较好的适用领域。在我国，目前主要存在着诉讼、行政复议、信访、调解等多种纠纷解决方式，任何一种方式都难以在解决所有纠纷上均具有适用性。就诉讼而言，诉讼是一种遵循"证据裁判""形式理性"的纠纷解决机制，作为公力救济代替私力救济的结果，它是人类对于纠纷解决方式的革命性创造。但这并不意味着诉讼适用于全部的纠纷，也不是在解决所有纠纷上都能得到最佳的结果。

诉讼乃是解决社会纠纷的最后保障，诉讼以国家强制力为后盾，拥有其他手段不可替代的特征与作用。"在解决社会冲突的诸手段中，诉讼是一种最为常规、最为规范、形式效力最为明显的手段。"③所以，在所有的纠纷解决

---

① 夏锦文，刘志峰.论诉讼法存在的社会基础[J].江海学刊，2001(2)：74-79.
② 范愉.纠纷解决的理论与实践[M].北京：清华大学出版社，2007：221.
③ 顾培东.社会冲突与诉讼机制[M].成都：四川人民出版社，1991：46.

机制之中,诉讼占有十分重要的地位。

　　第一,从诉讼的本质特征来说,诉讼是以国家权力的方式来处理人与人之间的社会关系,并且这种国家权力以强制力作为后盾,体现了国家暴力。"国家暴力这种最高的暴力强制形式所产生的现实或潜在的威胁,促使纠纷主体一方或各方服从诉讼裁判,而且任何纠纷主体都无力与国家暴力强制相抗衡,放弃诉讼裁判所否定的权益要求或者承担由裁判所确定的义务是主体能够作出的唯一选择。"① 这种处理方式扩展了私立救济的范围,"从现象上看,诉讼出现的根据是'私力救济'力所不及,冲突主体转而求助于'公力'。然而,诉讼出现根源于一个主观判断:任何冲突所危及的不仅仅是权益享有者个人,而且同时也危及到统治秩序"②。所以,诉讼这一纠纷解决机制是其他纠纷解决方式无法取代的。

　　第二,从诉讼实现的手段来看,依法运行的方式既肯定了对任何主体特权的限制,又体现了诉讼方式的非人情化。"法律在本质上是对专断权力之行使的一种限制,因此,它同无政府状态和专制政府都是敌对的。"③ 法律要实现公平正义,必须对特权作出限制。只有每一个社会主体都严格按照法律的规定依法办事,法治社会才能和谐有序地发展。诉讼的实现既要实体法的支持,也需要程序法的保障。沈家本先生认为,"刑事不善不足以害良民,刑事诉讼律不备即良民亦摧其害"④。因而,需要同时重视实体法和程序法的建设。

　　第三,从诉讼的最终目的来看,诉讼必须实现社会纠纷的解决,并且是合法地、公正地解决。"如果一个纠纷未得到根本解决,那么社会机体上就可能产生溃烂的伤口;如果纠纷是以不适当或不公正的方式解决的,那么社会机体上就会留下一个创伤,而且,这创伤的增多,又有可能严重危及对令人满意的社会秩序的维护。"⑤

　　总之,在社会发展过程中,社会纠纷及纠纷的解决方式都是一个动态的发展过程,各种纠纷的特点及对纠纷解决方式的选择有着诸多的不确定因素。但不可否认的是,多元化的纠纷解决机制正在形成,公正、高效、成本低廉的社会纠纷解决机制将是我们孜孜不倦追求的目标。⑥ "尽管法律是一种

---

　　①② 顾培东.社会冲突与诉讼机制[M].成都:四川人民出版社,1991:48;47.
　　③⑤ 博登海默.法理学:法律哲学与法律方法[M].邓正来,译.北京:中国政法大学出版社,2004:233;490.
　　④ 季卫东.程序比较论[J].比较法研究,1993(1):1-46.
　　⑥ 夏锦文、刘志峰.论诉讼法存在的社会基础[J].江海学刊,2001(2):74-79.

必不可少的具有高度裨益的社会生活制度,它像人类创建的大多数制度一样也存在某些弊端。如果我们对这些弊端不引起足够的重视或者完全视而不见,那么我们就会发展为严重的操作困难。"① 但是,在法治氛围中民众逐渐感受到诉讼的优势,同时社会也在不断地完善法治,在民众的法治实践中,法治氛围也日渐浓郁。

---

① 博登海默.法理学:法律哲学与法律方法[M].邓正来,译.北京:中国政法大学出版社,2004:388.

结　语

　　法治的灵魂和身体不能相隔甚远,中国快速前行的法治的身体走得太快,需要等一等灵魂。党的十一届三中全会以来,中国的法制发展走上了快车道,我们用30年左右的时间建成了中国特色社会主义法律体系,创造了近代以来世界立法史上的奇迹。然而,我们在法治精神的培养、法治文化的建设上所取得的成就远远不如法律制度建设方面,除了对法治的信仰,我们似乎什么都有。没有信仰便无所忌惮,没有底线;没有信仰,法治的岸在哪里?信仰法治不是在解决问题时,被迫无奈才选择法治,而是在解决问题时,即使可以有多种选择途径,依旧坚定首选法治。信仰是主动的、积极的,不是被动的、消极的。一国的法治建设在文化和制度两个方面不能脱节,不能只有一条腿走路。不可否认的是,法治精神的培育、法治文化的积淀相对于法律制度的制定与执行来说难度更大、所需时间更长。加之中国是一个缺少法治信仰传统的国度,并且我们走上民主法治道路的时间很短,法治精神的培育、法治文化的建设时间紧、难度大。正视现实才能找到出路,法治氛围就是培育法治精神、法治文化、法治信仰的土壤。

　　之所以说法治氛围就是培育法治精神、法治文化、法治信仰的土壤,是因为:第一,良好的法治氛围有助于培养法治文化,以便民众能够认识法治、了解法治;第二,良好的法治氛围有助于凝聚法治共识,以便民众可以尊重法治、崇尚法治;第三,良好的法治氛围有助于引领主体行为,以便民众更好地践行法治、维护法治。作为一种动力,法治氛围不断为社会个体提供法律场域与舆论背景,为社会主体提供学习法律知识与法治观念的平台。法治氛围潜在地诱发、引导、推动、规范着社会主体的行为活动,提高全民法律意识和法律素质,提高社会法治化管理水平,促进社会主义法治文化建设。法治氛围让民众懂得依据法律规定、按照法律程序表达利益诉求、解决矛盾纠纷。让知法、守法、依法办事成为各级领导干部和国家机关工作人员的行为准则。让他们善于运用法律解决现实生活中的实际问题。营造认同、崇尚法治的社会氛围,逐渐让所有社会主体成为社会主义法治的自觉遵守者、坚定捍卫者。

作为一种社会状态,法治氛围反映着社会主体对于法治的心理情绪、精神气质及价值取向。法治氛围是法治信仰的外化弥漫在法治的时间和空间,是主客体的矛盾运动在法治实践的过程中的表现。作为一个过程,法治氛围乃是社会成员共同建构的历史延续,包括生成、改变以及沉积的过程。通过时间积累、文化沉淀,民众对于法治信仰升华到一定程度,法治氛围随着法治信仰的升华而日渐浓郁。法治氛围的形成不是一朝一夕的事,需要一点一滴的积累,是一个庞大而系统的工程。首先,法治氛围的形成离不开法治基础——良法;其次,法治氛围的形成离不开宪法和法律的权威,这是法治氛围形成的信仰基础。再次,法治氛围的形成离不开权力依法运行,这是形成法治氛围的关键因素。最后,法治氛围的形成离不开参与和践行法治活动的广大民众,这是法治氛围形成的必备主体。法治氛围如同所有社会氛围一样,看不见、摸不着,它虽然不是一种以有形的物质形态出现的客观存在形态,但我们依旧可以通过理性,感受到法治氛围的淡泊或浓郁。我们的感受来源于民众对法治的态度、观念以及民众实际的法治行为,当一个社会法治得到普遍认同,当一个社会法治价值观得以确立,当一个社会法治秩序得以形成,这些对于法治依赖与信任的观念与行为正是法治氛围形成的标志。

随着法治队伍的专业化与职业化,法律不再是仅凭常识就可任由民众理解的领域。加之普通民众时间、精力和知识能力的有限,不可能要求每一个人都成为通晓法律知识的专家,但是通过营造法治氛围,民众的法治情感得以表达甚至宣泄,民众的法治观点得到沟通与交流。法治氛围将是民众参与法治、进入法治的重要渠道。法治氛围为民众提供了学习的平台,法治氛围也是民众情感交流的场所,法治氛围更是法治国家走上法治之路的必然产物。法治氛围不是法治的直接目标,它只是民众对于法治的真实感受集合在一起。这个社会有太多事物掺杂着虚假,其中包括产品、数据或情感。而法治氛围是社会主体真实的反映,这种反映可以是激烈的,可以是平和的,甚至可以是无声的沉默。每一个个体对于法治都褒贬不一,民众对于法治的评价因为不需要付出任何代价,所以真实(并非官方的采访报道)。在真实的法治氛围中可以知道真实的法治。

民众的法治情感会因为重大法治事件而发生重大变化,由此整个社会的法治氛围会发生巨大波动。比如冤假错案的发生与纠正,一部分人会对法治产生恐惧,毕竟个人在面对强大的公权力时实在太弱小,谁能保证自己不是下一个被严刑逼供的人，谁又能保证自己不是下一个冤假错案的受害者。不能说这种恐惧完全源于无知，权力与权利的不平衡天然存在。现实中的不确定因素太多，可以左右法治的情形也太多，民众对于自身的不安全感并非空穴来风。对于冤假错案的平反，一部分人可能对法治的进步持赞赏态度，因为承认错误与改正不足需要勇气和智慧。重大法治事件会对民众的法治情感、态度、观点产生重大影响，法律不仅是文本上的法律，更是生活实践中的法律，二者统一固然很好，若二者相距甚远，民众只能在一次又一次的法治事件中不断认识法律及其治理。法治氛围在一次又一次的法治事件中产生微妙的变化，就如同地质的演变是积年累月的一样，在法治氛围的一次次沉淀下，法治精神逐渐铭刻在民众的内心，法治文化逐渐形成。随着法治文化的积淀，重大法治事件对法治氛围的影响逐渐减弱。任凭法治事件的风吹雨打，法治文化如同深埋的树根，牢牢锁住在风中摇曳的犹如树枝的法治氛围。

　　法治氛围是一个群体性的氛围，是社会大多数成员对于法治的情感、观点、态度的总和。那么，与大多数社会成员的法治情感、观点、态度不同的少数人该如何看待它？比如在大多数社会成员不信任法治的时候，有少数人坚信法治，又或者在大多数人都信任法治的时候，有少数人不信任法治。法治氛围是一个从自发到自觉的形成过程，各种观点如同复杂的社会一样，也是丰富多元的，在法治社会中，任何一种观点都应该被尊重。各种观点之间的激烈碰撞可以让民众从不同的角度分析和理解同一个问题，从而有利于我们更全面地认识问题。所以，对于少数和群体观点不同的人，不能一味否定，尊重是最基本的要求。

　　法治氛围是民众法治情感与法治观点集中表达的场域，法治氛围与法治心理关系值得深入研究。从心理学的角度分析法治情感、法治观点和法治心理之间的关系，进一步研究法治氛围的生成和发展机制将是笔者今后深入研究的方向。

参 考 文 献

[1] 安东.论法律的安全价值[J].法学评论,2012(3):3-8.

[2] 奥古斯特·孔德.论实证精神[M].黄建华,译.北京:商务印书馆,2009.

[3] 波斯纳.法理学[M].苏力,译.北京:中国政法大学出版社,1994.

[4] 伯尔曼.法律与宗教[M].梁治平,译.北京:中国政法大学出版社,2003.

[5] 蔡宝刚.增进法律信用与塑造法律信仰:法的现代性语境下的分析[J].政治与法律,2008(6):59-65.

[6] 陈弘毅.法治、启蒙与现代法的精神[M].北京:中国政法大学出版社,2013.

[7] 陈金钊.法律人思维中的规范隐退[J].中国法学,2012(1):5-18.

[8] 陈金钊.法律思维及其对法治的意义[J].法商研究,2003(6):62-70.

[9] 陈晋萍,李卫东.社会变迁与民初民事法律观念的转变[J].法学评论,2005(2):145-151.

[10] 陈景良.文化底蕴与传统法律[M].武汉:湖北人民出版社,2014.

[11] 陈少林.宣誓的启示:信仰、道德与法制[J].法学评论,2009(5):16-21.

[12] 程波.论法治秩序中的"公民美德"[J].北方法学,2009(2):28-33.

[13] 程燎原,王人博.权利及其救济[M].济南:山东人民出版社,1998.

[14] 程岩.群体极化、二阶多样性与制度安排:读桑斯坦《极端的人群:群体行为的心理学》[J].环球法律评论,2011(6):145-160.

[15] 戴维.迈尔斯.社会心理学[M].侯玉波,乐国安,张智勇,等译.北京:人民邮电出版社,2006.

[16] 邓正来.法学研究中"以小见大"的个案:《信仰与权威》序[J].法制与社会发展,2006(4):150-152.

[17] 瞿同祖.中国法律与中国社会[M].北京:中华书局,2005.

[18] 丁卫.法律社会学在当代中国的兴起[J].法律科学(西北政法大学学报),2010(3):10-20.

[19] 丁卫.法律与社会控制[J].云南大学学报,2007(6):119-125.

[20] 杜宴林.法律的人文主义解释[M].北京:人民法院出版社,2005.

[21] 范进学.法的观念与现代化[M].济南:山东大学出版社,2002.

[22] 范进学.法治文明论[M].北京:中国经济出版社,2008.

[23] 范愉.法律信仰批判[J].现代法学,2008(1):10-17.

[24] 范愉.小额诉讼程序研究[J].中国社会科学,2001(3):141-153,207.

[25] 范忠信.国家理念与中国传统政法模式的精神[J].法学评论,2011(1):145-155.

[26] 方乐.中国法需要什么世界观?[J].法学家,2011(3):1-22,176.

[27] 费孝通.论文化与文化自觉[M].北京:群言出版社,2005.

[28] 费孝通.乡土中国[M].北京:北京时代华文书局,2011.

[29] 富勒.法的道德性[M].郑戈,译.北京:商务印书馆,2007.

[30] 高鸿钧.法律文化的语义、语境及其中国问题[J].中国法学,2007(4):23-38.

[31] 高仰光.马克斯·韦伯与当代中国人的法律信仰[J].比较法研究,2011(3):48-58.

[32] 戈尔丁.法律哲学[M].齐海滨,译.北京:生活·读书·新知三联书店,1987.

[33] 格伦顿,戈登,奥萨魁.比较法律传统[M].米健,贺卫方,高鸿钧,译.北京:中国政法大学出版社,1993.

[34] 公丕祥.能动司法的社会正义取向[J].金陵法律评论,2013(1):3-26.

[35] 公丕祥.习近平法治思想述要[J].法律科学,2015(5):3-16.

[36] 龚廷泰,等.法治文化建设与区域法治:以法治江苏建设为例[M].北京:法律出版社,2011.

[37] 龚廷泰.法院文化建设的最高境界:追求司法的真善美[J].中国审判,2012(1):20-23.

[38] 龚廷泰.法治文化的认同:概念、意义机理与路径[J].法制与社会发展,2014(4):40-50.

[39] 顾培东.社会冲突与诉讼机制[M].北京:人民出版社,1991.

[40] 关玫.司法公信力初论:概念、类型与特征[J].法制与社会发展,2005(4):134-141.

[41] 郭成伟.中华法系精神[M].北京:中国政法大学出版社,2001.

[42] 郭官义.现实与对话伦理学:哈贝马斯答郭官义问[J].哲学译丛,1994(4):35-36.

[43] 韩大元.东亚法治的历史与理念[M].北京:法律出版社,2000.

[44] 何勤华.耶林法哲学理论述评[J].法学,1995(8):38-40.

[45] 何意志.法制的东方经验:中国法律文化导论[M].李中华,译.北京:北京大学出版社,2010.

[46] 贺海仁.法律援助:政府责任与律师义务[J].环球法律评论,2005(6):665-671.

[47] 贺来."价值清理"与"价值排序":发展哲学研究的中心课题[J].求是学刊,2000(5):14-17.

[48] 贺来."主体性"观念的价值内涵与社会发展的"价值排序"[J].吉林大学社会科学学报,2011(3):43-49,159.

[49] 赫然,张荣艳.中国社会纠纷多元调解机制的新探索[J].当代法学,2014(2):115-124.

[50] 侯学宾,姚建宗.中国法治指数设计的思想维度[J].法律科学,2013(5):3-17.

[51] 胡平仁.法社会学的思维方式[J].法制与社会发展,2006(6):31-37.

[52] 胡旭晟,肖洪泳.作为一种立场和方法的法律文化[J].法学家,2004(6):38-47.

[53] 黄文艺.法律与民族性格:一种法律研究范式的梳理与反思[J].法律科学,2010(6):3-11.

[54] 黄文艺.法哲学解说[J].法学研究,2000(5):3-16.

[55] 季卫东.程序比较论[J].比较法研究,1993(1):1-46.

[56] 江必新.法治精神的属性、内涵与弘扬[J].法学家,2013(4):1-11,174.

[57] 江必新.法治思维:社会转型时期治国理政的应然向度[J].法学评论,2013(5):3-9.

[58] 江必新.在法律之内寻求社会效果[J].中国法学,2009(3):5-14.

[59] 蒋立山.法治理想主义与法治现实主义:读法治进程中的"民间治理"有感[J].法制与社会发展,2007(6):149,156.

[60] 蒋立山.中国法治道路初探(上)[J].中外法学,1998(3):3-5.

[61] 蒋先福.法治的文化伦理基础及其构建[J].法律科学,1997(6):3-9.

[62] 解兴权.通向正义之路:法律推理的方法论研究[M].北京:中国政法大学出版社,2000.

[63] 郎佩娟.公共政策制定中的政治权力与科学分析[J].中国人民大学学报,2002(2):88-94

[64] 郎咸平、杨瑞辉.资本主义精神和社会主义改革[M].北京:东方出版社,2012.

[65] 李步云,刘士平.论法与法律意识[J].法学研究,2003(4):70-79.

[66] 李步云,赵迅.什么是良法[J].法学研究,2005(06):125-135.

[67] 李德顺.价值论:一种主体性的研究[M].北京:中国人民大学出版社,2013.

[68] 李良栋.新编政治学原理[M].北京:中央党校出版社,2001.

[69] 李其瑞.法律与文化:法学研究的双向视角[J].法律科学,2005(3):3-7.

[70] 李淑英.法律思维的法理学分析[J].政治与法律,2006(5):36-40.

[71] 李双元,蒋新苗,蒋茂凝.中国法律理念的现代化[J].法学研究,1996(3):45-64.

[72] 李维.社会心理学新发展[M].上海:教育出版社,2006.

[73] 李瑜青,等.人文精神与法治文明关系研究[M].北京:法律出版社,2007.

[74] 利子平,石聚航.传统法律文化:解读社会危害性的新路径[J].法制与社会发展,2010(4):18-28.

[75] 梁治平.寻求自然秩序中的和谐[M].北京:中国政法大学出版社,2002.

[76] 林文钦.农电企业如何营造良好的法治氛围[J].农村电工,2006(9):16.

[77] 林中坚.中国传统礼治[M].广州:广东人民出版社,2007.

[78] 刘焯.社会信任的法律重构[J].法学,2005(7):118-122.

[79] 刘海年.依法治国与精神文明建设[M].北京:社会科学文献出版社,2008.

[80] 刘旗辉.在加拿大感受对法律的敬畏[J].政府法制,2010(2):33

[81] 刘瑞川.司法的精神[M].北京:人民法院出版社,2006.

[82] 刘旺洪,夏锦文.论法律秩序[J].南京社会科学,1991(3):69-73.

[83] 刘雪松.公民文化和法治秩序[M].北京:中国社会科学出版社,2007.

[84] 刘英."每月一法"营造良好法治氛围[J].当代兵团,2014(7):36.

[85] 刘治斌.当代中国司法文化与法律的实践品性[J].法律科学,2012(6):3-10.

[86] 刘治斌.法律思维:一种职业主义的视角[J].法律科学,2007(5):52-61.

[87] 刘作翔.法律文化理论[M].北京:商务印书馆,1999.

[88] 刘作翔.实现法治:我们的理想和追求[J].政治与法律,1996(5):2.

[89] 刘作翔.现代法律观念的培植是实现法治国家的观念基础[J].法学研究,2007(4):152.

[90] 卢梭.论人类不平等的起源和基础[M].李常山,译.北京:商务印书馆,1996.

[91] 卢梭.社会契约论[M].何兆武,译.北京:商务印书馆,1980.

[92] 鲁道夫·冯·耶林.为权利而斗争[M].胡宝海,译.北京:中国法制出版社,2004.

[93] 罗斯科·庞德.通过法律的社会控制[M].沈宗灵,译.北京:商务印书馆,2010.

[94] 吕明.法律意识形态的变迁:以我国民事诉讼中的"调解"为样本[J].法律科学,2007(5):10-16.

[95] 马俊峰.近年来价值观念研究综述[J].哲学动态,1998(7):3-5.

[96] 马俊峰.马克思主义价值理论研究[M].北京:北京师范大学出版社,2012.

[97] 马克斯·韦伯.新教伦理与资本主义精神[M].于晓,陈维纲,译.上海:三联书店,1987.

[98] 马敏,张三夕.东方文化与现代文明[M].武汉:湖北人民出版社,2001.

[99] 马平.尊严与自由:宪法的价值灵魂:评艾伯乐的《尊严与自由》[J].环球法律评论,2010,(1):153-160.

[100] 马长山."全面推进依法治国"需要重建法治价值观[J].国家检察官学院学报,2015(1):3-12,172.

[101] 马长山.国家、市民社会与法治[M].北京:商务印书馆,2002.

[102] 马长山.市民社会与政治国家:法治的基础和界限[J].法学研究,2001(03):19-41.

[103] 孟德斯鸠.论法的精神[M].许明龙,译.北京:商务印书馆,2009.

[104] 莫纪宏.法治中国的宪法基础[M].北京:社会科学文献出版社,2014.

[105] 穆丽霞,赵业福.塑造我国公民法律信仰的路径分析[J].理论学刊,2007(11):100-102.

[106] 庞雪松.关于社会主义核心价值体系的理论思考[J].黑龙江省社会主义学院学报,2009(3):47-50.

[107] 庞正.法治秩序的社会之维[J].法律科学,2016(1):3-15.

[108] 亓同惠.法治中国背景下的"契约式身份":从理性规制到德性认同[J].法学家,2015(3):1-15.

[109] 强昌文.社会转型与法学研究意识的更新[J].现代法学,2003(4):41-45.

[110] 秦国荣.法治社会中法律的局限性及其矫正[J].法学,2005(3):28-39.

[111] 秦晓.当代中国问题:现代化还是现代性[M].北京:社会科学文献出版社,2009.

[112] 荣国,向林,王晓.党委人大政府合力推进依法治市

[113] 潍坊市形成良好法治氛围[J].人大工作通讯,1999(5):3-5.

[114] 塞缪尔·亨廷顿.我们是谁:美国国家特性面临的挑战[M].程克雄,译.上海:新华出版社,2005.

[115] 沈敏荣.我国法律解释中的五大悖论[J].政法论坛,2000(4):3-12.

[116] 石泰峰,卓英子.新发展观与法律的新发展[J].法学家,2004(1):1-5.

[117] 石旭斋.法律思维是法律人应有的基本品格[J].政法论坛,2007(4):117-124.

[118] 宋显忠.通过法律的权利保障[J].吉林大学社会科学报,2006(5):156-160.

[119] 舒国滢.在法律的边缘[M].北京:中国法制出版社,2000.

[120] 舒扬.现代城市精神与法治[M].北京:中国社会科学出版社,2008.

[121] 斯蒂尔曼.公共行政学[M].李方,等译.北京:中国社会科学出版社,1898.

[122] 宋春香.法治文化论:一个法治话语的视角[M].北京:中国政法大学出版社,2013.

[123] 宋胜尊.罪犯心理评估:理论·方法·工具[M].北京:群众出版社,2009.

[124] 苏力.变法,法治建设及其本土资源[J].中外法学,1995(5):1-9.

[125] 苏力.法治及其本土资源[M].北京:中国政法大学出版社,1996.

[126] 眭鸿明.法治实现论[M].南京:南京师范大学出版社,1999.

[127] 孙柏瑛.公共行政的新思维:美国新公共行政学派及其思想评述[J].国外社会科学,1995(8):51-56.

[128] 孙柏瑛.公民参与形式的类型及其适用性分析[J].中国人民大学学报,2005(5):124-129.

[129] 孙谦.论依法治国与提高执政能力[J].中国法学,2005(4):3-12.

[130] 孙育玮.都市法治文化与市民法律素质研究[M].北京:法律出版社,2007.

[131] 孙正聿.马克思主义基础理论研究[M].北京:北京师范大学出版社,2011.

[132] 唐·布莱克.社会学视野中的司法[M].郭星华,译.北京:法律出版社,2002.

[133] 唐纳德·布莱克.法律的运作行为[M].唐越,苏立,译.北京:中国政法大学出版社,1994.

[134] 王家国.虚构:法律思维的必要之维:朗·富勒《法律的虚构》译后[J].法律科学,2006(2):164-168.

[135] 王莉军.文化认同与普遍人权:论法制建设的精神向度[J].政法论坛,2009(4):

188-191.

[136] 王平生.执政信用:巩固党的执政地位的理论视角[J].政治与法律,2006(3):42-46.

[137] 王锡锌.公众参与和中国法治变革的动力模式[J].法学家,2008(6):90-100.

[138] 王啸.全球化时代的中国公民教育[M].福州:福建教育出版社,2006.

[139] 王子龙.现代人格与法律文化论[M].北京:中国社会科学出版社,2014.

[140] 吴向东.重构现代性:当代社会主义价值观研究[M].北京:北京师范大学出版社,2006.

[141] 伍劲松.论行政执法解释的具体原则[J].当代法学,2010(4):32-39.

[142] 西耶士.论特权第三等级是什么[M].冯唐,译.北京:商务印书馆,1991.

[143] 夏锦文,蔡道通.论中国法治化的观念基础[J].中国法学,1997(5):43-51.

[144] 夏锦文,刘志峰.论诉讼法存在的社会基础[J].江海学刊,2001(2):74-79.

[145] 夏勇.法治是什么:渊源、规诫与价值[J].中国检察官,2006(2):57.

[146] 夏勇.文明的治理:法治与中国政治文化变迁[M].北京:社会科学文献出版社,2012.

[147] 夏泽祥.中国语境下的法律信仰:涵义、对象、载体与表征[J].法律科学,2008(3):3-10.

[148] 谢冬慧.从民族性格看美国的法制创新[J].法律科学,2008(1):11-17.

[149] 谢晖.论法律效力[J].江苏社会科学,2003(5):97-104.

[150] 谢鹏程.论当代中国的法律权威:对新中国法治进程的反思和探索[J].中国法学,1995(6):3-13.

[151] 徐贲.知识分子:我的思想和我们的行为[M].上海:华东师范大学出版社,2005.

[152] 徐莉.和谐社会中公民的法律理念[M].厦门:厦门大学出版社,2019.

[153] 徐忠明.小事闹大与大事化小:解读一份清代民事调解的法庭记录[J].法制与社会发展,2004(6):3-25.

[154] 许娟.法律何以能被信仰?:兼与法律信仰不可能论者商榷[J].法律科学,2009(5):3-12.

[155] 许增裕.中国法治的源与基探索[M].北京:中国社会科学出版社,2008.

[156] 亚里士多德.政治学[M].吴寿彭,译.北京:商务印书馆,1985.

[157] 杨春福.论法律效力[J].法律科学,1997(1):19-23.

[158] 杨春福.论法治秩序[J].法学评论,2011(6):3-8.

[159] 杨国荣.伦理与存在:道德哲学研究[M].北京:北京大学出版社,2011.

[160] 杨忠明,石柏林,刘焕桂.文化认同权及其法律主体研究[J].政治与法律,2012(4):62-71.

[161] 姚建宗.信仰:法治的精神意蕴[J].吉林大学社会科学学报,1997(2):1-12.

[162] 尹奎杰.权利观念的限度[J].法制与社会发展,2009(1):104-111.

[163] 尹奎杰.权利思维方式论[J].法制与社会发展,2004(1):18-30.

[164] 尹伊君.社会变迁的法律解释[M].北京:商务印书馆,2003.

[165] 英格尔斯.人的现代化[M].殷陆君,译.北京:人民出版社,1985.

[166] 余谋昌,王耀先.环境伦理学[M].北京:高等教育出版社,2004.

[167] 余振华.澳门华人政治文化[M].澳门:澳门基金会出版社,1993.

[168] 於兴中.法治与文明秩序[M].北京:中国政法大学出版社,2006.

[169] 俞可平.马克思的市民社会理论及其历史地位[J].中国社会科学,1993(4):59-74.

[170] 郁光华.法律的作用:不同理论视角的探讨[M].北京:法律出版社,2011.

[171] 袁久红.社会主义法治价值观的科学阐释[J].唯实,2014(2):23-25.

[172] 约翰·罗尔斯.正义论[M].何怀宏,何包钢,廖申白,译.北京:中国社会科学出版社,1988.

[173] 张恒山.敬畏法律[J].理论视野,2015(1):22-23.

[174] 张利春.现代法律思维时间面向的转换[J].法制与社会发展,2008(2):150-160.

[175] 张亮.由正义到和谐:法律精神的转换与升华[J].法制与社会发展,2006(4):14-16.

[176] 张文显.论立法中的法律移植[J].法学,1996(1):6-9.

[177] 张文显.西方法哲学[M].北京:法律出版社,2011.

[178] 张彦.当代"价值排序"研究的四个维度[J].哲学动态,2014(10):16-22.

[179] 张永和.法律不能被信仰的理由[J].政法论坛,2006(3):53-62.

[180] 张中秋.中华法系道德文化精神及对未来大中国法的意义[J].法学,2011(5):45-50.

[181] 赵万一.敬畏法律[M].北京:法律出版社,2013.

[182] 赵星.环境犯罪论[M].北京:中国人民公安大学出版社,2011.

[183] 郑成良.论法治理念与法律思维[J].吉林大学社会科学学报,2000(4):3-10,96.

[184] 周春明.公民社会与公民责任[J].前线,2003(11):38-39.

[185] 周旺生.论法律正义的成因和实现[J].法学评论,2004(1):36-41.

[186] 竺效."社会法"的意义辨析[J].法商研究,2004(2):61-68.

[187] 左言东.中国政治制度史[M].杭州:浙江古籍出版社,1986.